国际时尚设计丛书·服装

时尚设计管理

国际时尚买手：

从趋势研究到店铺经营

［英］ 大卫·肖恩（David Shaw）
迪米特里·库姆比斯（Dimitri Koumbis） 著 ｜ 杜冰冰 译

国家一级出版社　　中国纺织出版社　　全国百佳图书出版单位

内 容 提 要

  《国际时尚买手：从趋势研究到店铺经营》主要从时尚买手的角度来探讨买手在时尚采购工作中所涉及的活动、过程以及参与的人群等内容。全书从五个方面展开针对时尚买手涉猎的活动进行讨论，内容包括：买手的角色，时尚灵感驱动因素，影响时尚购买的关键因素，商品与供应链的计划与管理，对内对外的管理等。

  全书图文并茂，通过多样化案例分析展现了国外前沿时尚、真实的时尚买手工作和宝贵的时尚买手经验，可供服装业相关从业者阅读参考，也可供服装教育相关院校学生学习参考。

原文书名：Fashion Buying : From Trend Forecasting to Shop Floor
原作者名：David Shaw, Dimitri Koumbis
Copyright © Bloomsbury Publishing Plc, 2017
This translation of Fashion Buying : From Trend Forecasting to Shop Floor is published by China Textile & Apparel Press by arrangement with Bloomsbury Publishing Plc.
本书中文简体版经 Bloomsbury Publishing Plc. 授权，由中国纺织出版社独家出版发行。
本书内容未经出版者书面许可，不得以任何方式或任何手段复制、转载或刊登。
著作权合同登记号：图字：01-2013-3518

图书在版编目（CIP）数据

  国际时尚买手：从趋势研究到店铺经营／（英）大卫·肖恩，（英）迪米特里·库姆比斯著；杜冰冰译 . -- 北京：中国纺织出版社，2018.8（2020.3 重印）

  （国际时尚设计丛书 . 服装）

  书名原文：Fashion Buying:From Trend Forecasting to Shop Floor

  ISBN 978-7-5180-5175-5

  Ⅰ . ①国… Ⅱ . ①大…②迪…③杜… Ⅲ . ①服饰 – 采购管理 Ⅳ . ① F768.3

  中国版本图书馆 CIP 数据核字（2018）第 136556 号

策划编辑：张晓芳 责任编辑：朱冠霖 张晓芳
特约编辑：王会威 责任校对：王花妮 责任印制：何 建

中国纺织出版社出版发行
地址：北京市朝阳区百子湾东里 A407 号楼 邮政编码：100124
销售电话：010—67004422 传真：010—87155801
http: //www.c-textilep.com
E-mail: faxing@c-textilep.com
中国纺织出版社天猫旗舰店
官方微博 http: //weibo.com/2119887771
北京华联印刷有限公司印刷 各地新华书店经销
2018 年 8 月第 1 版 2020 年 3 月第 2 次印刷
开本：710×1000 1/16 印张：10.5
字数：200 千字 定价：68.00 元

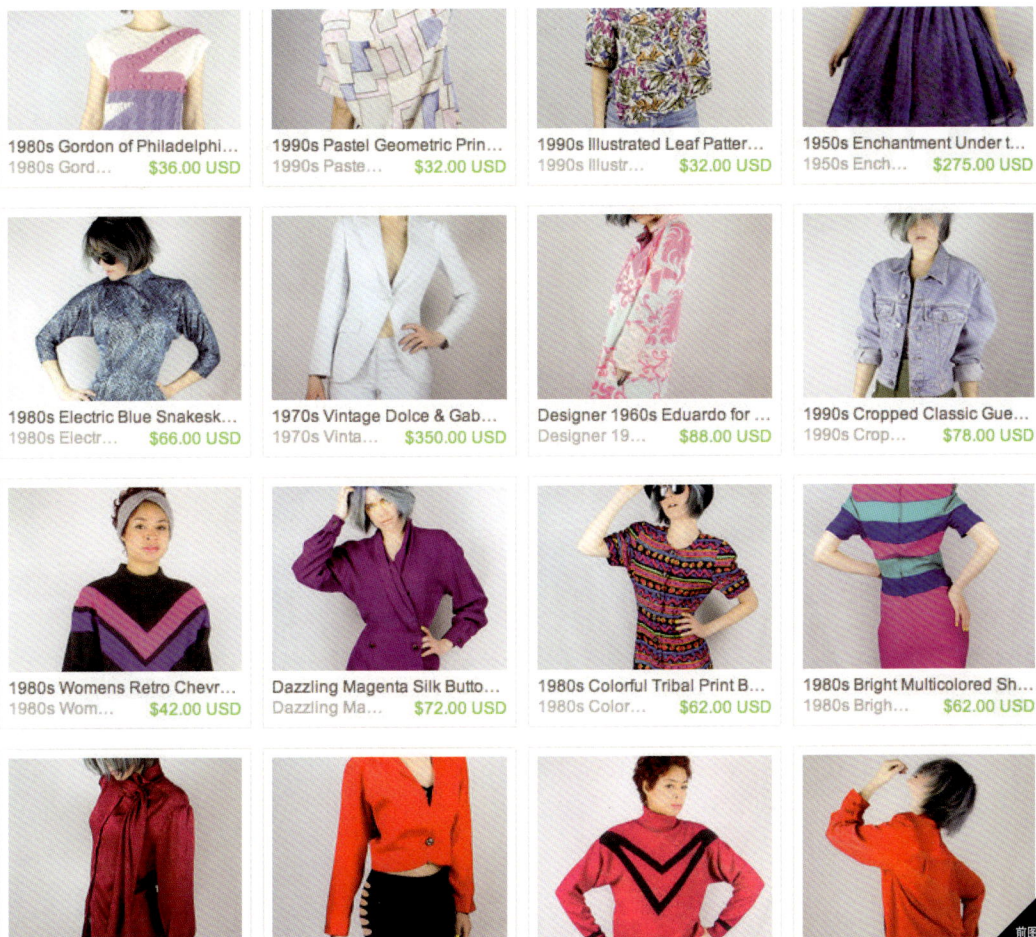

1980s Gordon of Philadelphi...	1990s Pastel Geometric Prin...	1990s Illustrated Leaf Patter...	1950s Enchantment Under t...
1980s Gord... $36.00 USD	1990s Paste... $32.00 USD	1990s Illustr... $32.00 USD	1950s Ench... $275.00 USD
1980s Electric Blue Snakesk...	1970s Vintage Dolce & Gab...	Designer 1960s Eduardo for ...	1990s Cropped Classic Gue...
1980s Electr... $66.00 USD	1970s Vinta... $350.00 USD	Designer 19... $88.00 USD	1990s Crop... $78.00 USD
1980s Womens Retro Chevr...	Dazzling Magenta Silk Butto...	1980s Colorful Tribal Print B...	1980s Bright Multicolored Sh...
1980s Wom... $42.00 USD	Dazzling Ma... $72.00 USD	1980s Color... $62.00 USD	1980s Brigh... $62.00 USD

前图1

前图1　时尚系列设计

　　买手力求给消费者提供当下时尚潮流中多种不同的款式：在这个案例里，我们看到的是复古时尚廓型与霓虹多彩色联袂打造的款型。

引言

时尚买手这个职业通常被认为是时尚产业中最具有魅力的工作之一。一般情况下，很多想进入此行当的人会错误地认为这个工作就是买一些他们喜欢穿着的服装。而通过了解最终所认知的是，时尚买手需要掌握并通识当前最新的时尚流行趋势，诸如色彩、款式的流行表现，同时也需要了解其目标客户们在品牌诉求方面的一些知识。

在商业贸易往来中，时尚买手的主要任务是为目标客户挑选最畅销的产品系列，也就是说，重点是能够速销这些时尚产品。买手需要和设计师以及商品企划师通力合作，才能保证在每个季节里都有恰到好处的时尚产品货存量，从而达到期许的销售目标，并获得一定的利润。

本书主要从时尚买手的角度来探讨买手在时尚采购相关工作中所涉及的活动、过程以及参与的人群等内容。本书中涉及很多不同类型的时尚买手，例如为时尚折扣店以及超级市场等价格较低廉的时尚卖场工作的买手，有为高端百货商店挑选知名品牌产品的买手等。不同级别的时尚购买之间有着一定差异，然而通常情况下，它们实施的过程以及相关技巧还是比较接近的，需要重点考虑的还是消费者这个因素，因为这个因素的可变性很强。

本书从五个主要的方面展开针对时尚买手所涉猎的活动的讨论，内容包括买手的角色、时尚灵感驱动因素、影响时尚购买的关键因子、商品与供应链的计划和管理、对内对外管理的关联性。本书所展示的最具鲜活意义的时尚买手经验，当然也是目前时尚买手其主要活动所涉及的内容，例如通过对时尚商业的发掘与探索，来寻找并创造出更多的机会。

前图2　2010春夏系列

纪梵希（Givenchy）高级时装屋的设计总监里卡多·提西（Riccardo Tisci）的这一季设计作品的时尚灵感来源于20世纪70年代，这种风尚从蓬松状上衣和略带闪烁的妆容上得以体现。这次的整场时装秀共计7分钟的时间，将22套时装进行了完美演绎。

"我所追求的是让人们通过阿玛尼的时装能够拥有看起来更为精致的格调，而不是让他们成为时尚的傀儡。"

——乔治·阿玛尼（Giorgio Armani）

第一章

这一章主要是区别并认知时尚买手的不同分工，以及解析关于买手在取得时尚采购商业成功的过程中，其各自的工作重点都有哪些。买手的工作强度、深度以及工作范畴的多样性被揭开。同时，本章也分析了独立买手和销售团队相互合作的重要性。另外还提及了针对时尚买手个人的品质、修养、态度与技巧等方面的内容，这些都有助于大家在实操的过程中把握商机。

第二章

买手这个工作具有较强的创造性，一方面是因为他们要不断面对持续变化的时尚业，另一方面还需要不断满足消费者们日益增长的睿智要求。在这一章中将讨论买手如何与设计师持续地沟通与跟进，并在新一季来临之前清晰地勾勒出适合消费者需求的满意产品。通过不断加强公司内部的设计能力与对流行趋势的把控能力，寻找时尚产品设计的正确思路，同时在时尚创意灵感来源与设计指导等方面找到合理依据。

第三章

纵观全球的发展趋势，英国本土的服装产品制造业日渐萎缩，因此需要买手展开全球范围的搜索。由于消费者对产品的质量和价值的要求逐步提高，买手对于遍布世界各地且可以提供高效能时尚产品的供应商进行不断地挖掘、培养、管理与拓展等成为不可或缺的重要工作内容。

在第三章中，我们着重关注成功管理国外供应商的重要性，以及根据产品线风格、服装品类、销售卖场等因素来了解如何巩固持续跟进的产品系列。买手在采购活动中，最为关键的是不断采集、整理并掌控所需的时尚信息，买手的工作是在一线卖场里以最好的状态展示其精心打造的产品。在这一章中将揭示如今大多数买手面临着在货品的挑选与供应中出现进退两难的境况。

第四章

如今，在竞争激烈的时装市场中，在恰当的时间和准确的销售地点提供合适的产品及合理的价格，是自始至终都需要坚持的一个重要策略。而时装市场是一个最不近人情的市场，因此，在这一章中我们将会探讨大型时装零售商为了保证向市场提供最好的供应，而在产品线系列以及产品本身上所付出的努力。

我们将从以下两个方面展开讨论，一方面是买手如何面对持续增长的商品企划工作量；另一方面，当买手和一些专业的产品企划人员合作时，如何能够激发这些人员在工作时不断保持鲜活的创造力。

第五章

随着零售行业的发展和零售商队伍的壮大，买手需要不断出谋划策，寻求更为稳固而有利于发展的市场，同时还要考虑整个过程中所有利益相关者的利益。在最后一个章节中，有关企业社会责任的理念将被植入，同时也将讨论买手在工作中如何从内到外以多个角度来加强对企业社会责任的认知。在第五章中，我们还会探索多样化的时尚购买趋势，例如，如何通过市场营销活动来推动时尚购买，如何通过高科技手段来加强买手与卖场前沿的沟通。

在每一章中都有一些关于时尚行业专业人士的访谈内容，这些针对商业案例研究的探讨，能够让你对时尚购买以及买手面临的挑战具备一些不同的认知。

时尚买手从事的购买活动是一条冗长而复杂的供应链，涉及到上百个个体的参与。时尚买手从事的是一项智慧型的工作，因为需要在较短时间内完成面对复杂多变的市场的思维转换与适应。所有那些经验满满的买手都会告诉你，只有一腔热情是不足以胜任这个工作的。果敢、刚毅、具有坚定不移的信念，同时有魄力并且具有奉献精神，以及与人融洽交流的能力，都是买手不可或缺的素质。

祝你在时尚买手的职业生涯中好运连连！

目录

1　第一章　时尚买手

2　什么是时尚买手

8　零售环境和时尚买手

16　时尚购买方式

26　案例研究：克丽丝藤·卢西奥
　　（Kristen Lucio），电子商务企业家

30　专访：克丽丝藤·卢西奥
　　（Kristen Lucio）

32　第一章总结

35　第二章　时尚购买灵感源

36　买手、设计师和市场

42　市场调研

46　流行预测

56　案例分析：Promostyl

60　专访：马修·杰伊特（Matthew
　　Jeatt）

62　第二章总结

65　**第三章　供应商、采购及交流**

66　什么是供应链

68　买手和供应商的关系

72　管理供应基础

74　采购相关问题

78　拓展产品类别和选择产品线

80　面料的选购

82　面料交货时间和时尚购买周期

86　挑选及购买服装

88　案例分析：PRIMARK

90　专访：利亚姆·法瑞尔（Liam O'Farrell）

94　第三章总结

97　**第四章　商品企划**

98　什么是商品企划

106　制订初始季节性采购计划

110　货品样衣以及最终成衣系列的准备

114　风险和产品系列型号问题

116　产品系列的均衡搭配

118　案例分析：SAP

120　专访：史蒂芬·亨利（Stephen Henley）

126　第四章总结

129　**第五章　时尚采购的趋势**

130　促销及推广活动

138　科技

142　企业社会责任

148　案例分析：海恩斯莫里斯（H&M）

152　第五章总结

154　**总结**

156　**附录**

158　术语表

160　行业资源

162　致谢

图1-1

时尚买手

时尚买手经常被认为是时尚零售行业中最具魅惑的一种角色。时尚买手需要具备以下素质：敏锐的商业头脑、强烈的细节洞察力以及坚定的时尚购买决策力。时尚产品采购是一个充满着挑战与竞争的活动，并充斥在不同的时尚产品窗口中，无论是时尚折扣店还是价格高昂的终端店。

那么，作为时尚买手，如何协调好这些呢？作为一名时尚百货店的买手，需要从已经预先存在的产品系列中精心斟酌；而为独立品牌服装零售商工作的买手需要收集一些特色设计来满足店面的需求。无论是哪种因素导致的时尚采购，其成功与否都取决于这些时尚产品是否能够很好地迎合消费者的口味，以及是否能够激发与获得较好的市场反馈。

图1-1　2010-11秋冬系列

维克托＆罗夫（Viktor&Rolf）秋冬成衣系列采用了前卫且奢华的设计，使得皮草与皮质产品引起激动人心的共鸣。

什么是时尚买手

时尚买手是一个独立或是在一个团队（时尚买手团队）中从事整个零售企划商品购买的首要角色。买手通常是一些孜孜不倦地探索时尚流行趋势，寻找素材来源并将其转换成产品的专业人士，他们需要制订每一季节的购买计划，同供应商以及设计师长期交流，并打造出适应市场需要的系列时尚产品，然后将这些产品在实体店或是网络上进行销售。

与时装设计师有明显区别的是，时尚买手关注更多的是产品系列是否能够在商业运作中获得成功。尽管每一件时尚产品都源自于设计师之手，但最终出现在消费者面前满足其购买欲望的成功设计，是由买手根据整个零售企划的要求进行精心挑选，最终形成切合总体策划与时尚定位的产品系列。

这里有三个关键描述可以用来认知买手的工作范畴：首先是掌握零售卖场的组织结构；其次是对整个零售运作中时尚产品系列量化的把控；最后是有效进行商品的分类与管理。

在一整年的工作中，买手和时装设计师始终都要持续地就产品的拓展、删减以及样品企划与时尚品牌的风格定位做反复推敲，为最终获得全方位的成功增加一些有潜力的时尚系列，同时削减那些不必要的设计。无论是个体的小卖场，还是较大的时尚零售店，摆在买手面前比较严峻的考验来自于充斥在卖场的产品，是否能够以最满意的零售价格得以出售。

事实上，买手获得100%的成功是很难的（即使有也不多）。经常会有一些系列产品由于各种因素而卖得不够好，以至于不得不降价处理来销售。这样的情况将导致商业利润的缩减。

图1-2　时尚买手对服装的检验工作

时尚买手与服装设计师针对时装板型在共同斟酌与商议，以达到季节性购买商品企划中所期许的目标市场定位。

图1-2

职责与期许

买手所从事的这项工作充满挑战，不仅需要拥有较为丰富的教育背景和知识结构，要想成为一名成功的买手，还需要具备多方面的技能及特质。专职的人力资源从业者在大型时尚贸易博览会中寻猎招募时尚买手时，一般认定的原则是：仅仅有一腔热情是不够的。

从广义上来说，与时尚有关的诸如设计、生产、购买、市场营销与管理等一些科目和知识都是可以给时尚买手增加成功筹码的。一些买手的工作重点是在商业管理与商品企划方面，而另一些买手的工作则更偏向于产品设计本身。然而没有人可以自然而然地成为一名成功的买手。一封比较中肯的求职信、一份比较有优势的个人简历，当然还有一些比较重要的信息，诸如相关学历、较好的个人魅力以及在面试中非常自信的表达等。时尚买手这个职业需要的人员应拥有以下特质：

- 高效、灵活且积极的态度；
- 表现出较高水准的评判思考能力；
- 能够很好地胜任独立工作的要求和团队工作的要求；
- 能准确分析销售报表和售卖趋势；
- 能理解并预测不同风格市场的当前及未来时尚趋势。

"时尚并不只是一件衣服那么简单，时尚在我们的周围，出现在每天行走的街道里；时尚与我们的生活息息相关，并充满了创意。"

——可可·香奈儿（Coco Chanel）

买手团队和他们的工作环境

一个买手团队通常由四到六个人组成，但根据不同公司的规模大小，人数可能会上下波动。团队成员的工作面临严格的期限以及高额利润的激励。买手团队通常包括以下核心人员：

- 买手
- 买手助理
- 采购助理
- 业务跟单员
- 跟单助理
- 销售助理

买手团队的规模大小，往往归结于产品的类别及区域的复杂性或重要性，例如配饰和女士上衣的买手团队规模不尽相同。

对于大型时装零售店来说，买手团队可能超出了100人。随着人力成本的不断增加，大多数公司更倾向于保持精简且高效的团队。

通常情况下，买手办公时所营造出的格调气氛与环境状态，与其推崇的时尚零售环境直接相关。采购的多个层级货品是开放的，各类产品被分类悬挂在专用衣物横杆上，或者置放在存储间里。对于准备出售的服装，其规格要求等更倾向于如何使消费者在服装的选择中保证合体。一些设备完善的办公环境中装有平行的金属横

图1-3 买手团队

买手以及买手助理正在为即将到来的新一季产品生产，商议服装面料的颜色及样板。

图1-3

对于大型时装零售店来说，买手团队可能超出了100人。随着人力成本的不断增加，大多数公司更倾向于保持精简且高效的团队。

图1-4

成为一名时尚买手需要的重要技能

一个精明能干的买手其个人思想和商业技能应该能完美融合，这些技能会随着商业环境和经济环境的变化而改变。

时尚方面

与时俱进的时尚意识；

预测和解析时尚流行趋势的能力；

协调创造及合作的能力。

产品方面

丰富的产品和专业技术知识。

生理方面

敏锐的色彩分辨能力；

生理和心理上的灵活性；

强抗压的能力。

管理方面

较好的书写和口头表达能力；

沟通能力；

果断；

高效的组织和分配时间的管理能力；

计算操作的能力；

专业度；

以顾客为中心；

优秀的谈判者。

个人方面

积极进取获得成功的强烈意识；

热情；

友好；

严格且公正；

外向；

富有想象力；

责任心；

好奇心；

有坚持学习的欲望。

杆或网格，以充分使用墙面上的可用空间。网格能将复杂的产品以及服装系列挂置在一起，以便于买手工作时在视觉上进行考量。

适当的灯光（或是完美的自然环境），以及较大的工作空间（检测以及评估服装），和较为宽敞的会议室，为买手的工作提供了不错的交流空间，当然，良好的环境也有利于买手及团队进行持续的交流与决策的制订。

图1-4 处于繁忙工作状态的时装采购办公室

产品组一般都是以团队的形式展开对产品线的分析工作，为最终服装系列做精心的准备。买手常常需要工作到很晚，充分利用好项目截止日期之前的所有时间。

与其他零售环节的各个角色一起工作

时尚买手的日常工作通常充斥着一大堆的内部会议，许多买手机构还要为本季要买的产品提前做好了周计划、月计划甚至是季度计划，并且也会制订到国外出行的购买计划。买手与团队中扮演其他角色的人能否有效地沟通，是一个购买计划能否成功的（或可盈利的）重要因素。

一个买手在时尚贸易以及产品采购中具备好的声望是非常关键的，因为买手就相当于整个公司的形象大使。因此对于一个买手来讲，在交易中展现出言行一致、高效友好的态度是至关重要的。这一点同样适用于所有的商业往来以及一些专业性或企业间的谈判。在时尚商业交易里，人的诚信往往大于产品本身。

服装工艺技师

随着越来越多的时尚产品在海外生产，国内的技术团队随之逐渐减少。如今技术团队更多的是扮演着一个基于远程控制的国际机构和技术专家的管理中心的角色。买手很少有工艺技术方面的背景或相关的知识训练，所以往往在很大程度上，就产品的适用性、耐久性和可靠性等问题要依赖于技术专家给予广泛而全面的指导，并提供建议。因此一个好的买手与技师之间的关系是十分重要的。

所有的服装和面料在面向消费者之前都要经过检测，这就要求买手在工作过程中不断地仔细观察、检查并且签署各种各样的测试报告。留心细节是至关重要的，通过使用国际、国内以及公司的产品检测标准，买手及其团队在与技师一起工作中，可以确保产品质量合乎标准。

图1–5　成为团队里的一员

买手必须尽可能地与不同领域的友人广泛合作，要成为中间商和供应商之间的桥梁，并能简化和促进彼此之间的沟通。

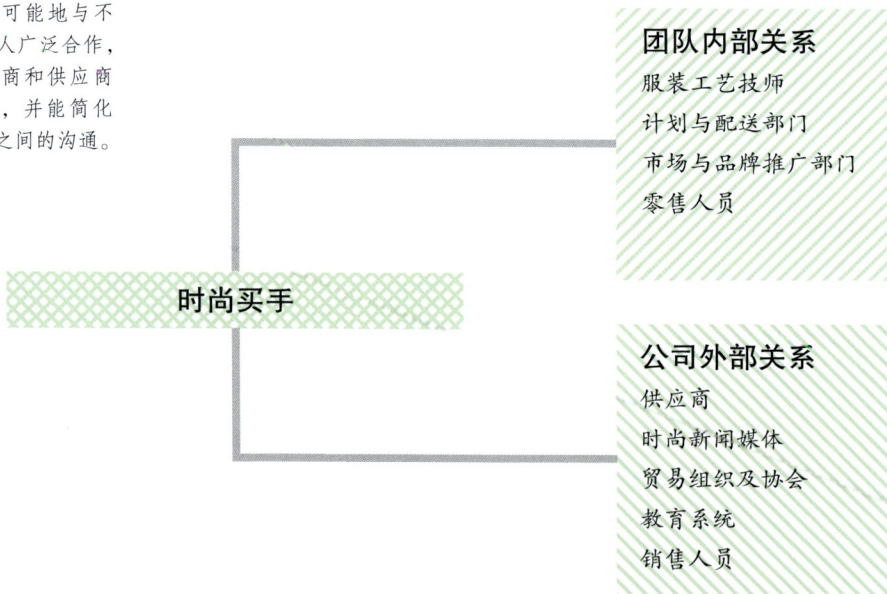

团队内部关系
服装工艺技师
计划与配送部门
市场与品牌推广部门
零售人员

时尚买手

公司外部关系
供应商
时尚新闻媒体
贸易组织及协会
教育系统
销售人员

图1-5

计划与配送部门

时尚买手要与销售人员经常打交道，有时会不可避免地卷入到某些工作中。产品进口是一个复杂的领域，与这个部门有着良好联络关系的买手往往能得到更快更高效的商品发货速度。作为买手不断获得彼此之间的关照，可以在引进产品时事半功倍。

一旦进口商品到达配送中心，就需要将其尽可能快地转送到零售店。因此，买手要高度关注、督促采购员，并能够协调配送中心的管理和团队运作之间的关系。所以有经验的买手则经常会光顾配送中心，并与采购员保持着良好的关系。

市场与品牌推广部门

大型的时尚企业一般具备较发达的市场营销以及品牌推广的能力。有些企业将营销和品牌推广整合到采购部门，而另一些企业则将它们分离开。无论采用哪种方式，所有人员在很大程度上都依赖于买手团队提供的时尚系列、畅销款以及和他们有直接关联的最新信息。

买手也经常向时尚摄影、媒体日以及其他一些对外交流的活动提供帮助，虽然这种情况并不常见。然而，参与市场营销和品牌推广等活动也是买手的工作内容。

面料供应商

尽管有些买手所在的部门拥有自己的面料采购团队，但在一些规模不大且不具备这样专业团队的企业里，买手需要经常与面料供应商和服装供应商进行交流与接洽，及时了解新的面料和工艺，这些对于买手而言是重要的产品购买属性。

时尚新闻媒体

买手需要经常与零售团队中的新闻、宣传或媒体等工作人员见面，通过杂志上的广告拍摄来增加产品的销售。买手应与公关人员接洽，来帮助他们完成一些特写或评论（因为一些产品在杂志上的曝光，如大片拍摄图像或评论等，能够大大增加销售）。新系列的产品将在季前的媒体会上展示，届时买手将会再次参与相关产品的讨论。

贸易组织和协会以及慈善机构

具有广泛服务范畴的贸易协会和组织会给买手在数据及信息支持方面提供帮助。有些帮助是基于法律层面的，如贸易标准、税收和关税；有些是来自于社会多方面的帮助与支持，如贸易组织、政府或当地的慈善机构。这些服务的范畴和规模因国家而异。因此任何长期服务的买手都应将其视为关键且重要的接触点。

高等院校

越来越多的买手被要求要经常与学术气息较强的高等院校在相关的知识领域进行交流，并投身于各种学术机构及时尚课程之中。很多买手钟情于选择那些资格及历史悠久的老牌高校，而有一些研究机构及学院为买手提供了定期的实践学习机会，也都受到了青睐。

零售环境和时尚买手

买手与零售店员工的关系

和管理团队保持亲密的关系是实现成功零售的关键。拥有训练有素和见多识广的售货员对任何成功的时装生意来说都是重要的：这一素项对于那些需要在公司采购部门和零售商店之间进行协调沟通的买手来说是非常必要的。如果买手团队和零售商店管理团队之间有着强有力的交流与沟通渠道，那么就会形成一种能够推动销售工作和事务处理的良好氛围，而这两者会形成具有相同利益目标的团队。

有经验的买手通常至少会花费一天至两天的时间来调查研究商店的零售状况，为的是能更好地了解商店各部门、各区域售卖产品的情况。这种零售商店管理部门基于销售跟踪而得出的关于购物高峰期的观察结果是非常有影响力的。有些情况下，它的高峰期可能是从周五到周日，而有些时候，可能会在工作周的午餐时间达到销售高峰。

无论是否为高峰期，这些走访行动都会给予买手看见顾客对于商品的反馈机会；顾客同样会给零售店里的员工提供有价值的反馈意见，从而使买手能够找到那些被成功售卖的款式系列的设计方向。

买手会经常与产品经理交流，为的是自上而下全方位地了解商品的概况，毫无疑问，买手也会为了解新商品的出现而拜访竞争对手。一些时装零售商将每周五指定为商店走访日，那些不进行定期访问的买手会因为不知道市场真正发生的状况而变得目光短浅，这些买手会根据个人观点而并非是顾客的需要错误地安排季节性变动的计划。

对成功的时装商业运作来讲，拥有训练有素而且见多识广的售货员是相当重要的。因此，一些企业在换季前让他们的买手团队在全国的主要城市举办城市巡回展示秀，目的是为了给销售人员预览下一季产品的流行趋向和设计特征，从而为他们提供一定的信息，例如，色彩演变方向的信息；尺码变化的信息和一些新推出的品牌系列信息等。

如果在买手团队和零售商店管理团队之间具备强有力的交流与沟通渠道，那么就会形成一种能够推动销售工作和事务处理的良好氛围，而这两者会形成具有相同利益目标的团队。

图1-6

　　产品的巡回展示通常会在一些酒店、时尚基地举办，有时也会通过时装秀来吸引一些人的注意力，从而让大家关注与了解下一季的时尚系列产品。在这种季节性时尚预测展示与交流中，负责零售部门的高管会出席并掌控着消费市场中即将出现的时尚潮流动向。

　　大多数有着时尚商业经营经验的团队会定期发布时装周报或周刊，以便从事时装交易的前沿店铺了解并跟进当下时尚活动的节奏、商品促销的信息以及优惠零售的政策等。这样的信息对于那些试图从大批货品购买中获得利润，但举棋不定需要帮助的时尚买手而言，是再好不过的内容了。

　　通常，时尚买手及商品企划管理人员会在每一周的前几天整理并书写时尚店铺的更新信息，并以多种形式进行交流与讨论。通过这种针对市场行情而积极进行的内部交流，对于掌控时尚产品系列（无论是畅销品还是滞销品）的设计命脉都是至关重要且功不可没的，这也使得零售商更具市场竞争性。

图1-6　执行质量监测工作

在零售店中，买手需要时刻了解与监测时尚系列产品，掌控商品质量并留意顾客对此产生的反响。

零售店类型

时尚产业和其他一些需要产生盈利的商业经营行业一样，有一个非常重要的原则就是满足消费者需求，因此需要通过调研与分析消费者的行为模式来开启购买者的欲望。时尚零售的模式有很多不同的类型，例如从大型百货购物商场到奥特莱斯折扣店等。买手需要充分了解这些类型各异的门店，以便于能够在更为广泛的范围内运筹帷幄。

综合百货购物商场

一般是指货品比较齐全，而且拥有的货品层次、类型以及货量等比较大的购物环境——商场。这类综合性的商场多出现在大都会城市里，但地点往往设置在城市的边缘地带或城郊等地。其所售卖的货品类型是非常多样的，从当季较为流行的时装到家电产品等。

当然还有一些非常特别的综合购物商场，提供的商品比前面商场所提供的商品更为独到更有个性。这一类比较有代表性的商场有来自伦敦的塞尔福里奇（Selfridges）百货商店；有来自巴黎的老佛爷百货（Galeries Lafayette）商场，以及来自纽约的巴尼斯（Barney's）百货商店。

特殊类型零售店

这些大小空间不一的店面，通常是一些品牌旗舰店的连锁店。零售商必须明确其消费目标群体的性别以及货品针对的市场（例如男性、女性及儿童）。通常这些店的货品类型比较丰富，拥有高、中、低档次品牌，低档品牌的包括来自美国的Old Navy和英国的Primark；而Gap、Monsoon、J.Crew、Kurt Geiger、Whistles以及Topshop等属于中档类型的品牌；高档品牌的声誉早已远近闻名，例如来自英国的Jaeger和Bally，以及来自美国的Kate Spade。

图1-7
图1-8

图1-7、图1-8　备战时尚

时尚零售商基于不同类型的目标客户而展开的时尚零售战略。图7所示为来自伦敦哈维·尼克斯（Harvey Nichols）时尚百货购物广场提供的货品，较为宽泛并针对数目较多的客户人群；图8所示的是来自美国的Urban Outfitters的经营理念，为一些小众客户提供并不宽泛的独特时尚商品。

服装时尚的关联体

图1-9　时装消费市场

　　时尚市场千变万化，我们所看到的时尚消费市场，可以从扫货类的低端卖场到价值百万的高级定制时装店。

相对价格

高级时装定制店

奢侈品品牌店

独立设计师店

设计师品牌店

百货商店

高街高端时尚品牌店

高街大众时尚品牌店

低价零售店

折扣商店

超级市场

一般市场

二手店

大众扫货店

不同层级的时尚消费市场

图1-9

精品店

　　精品店通常是由一到多个独立经营的小型零售店组成。多数情况下精品店提供的商品范畴不会太大，主要是一些具有特色的时装品牌（有时也有私人定制类设计品牌）。这里的商品一般比较贵，并且是有选择性的进货。在精品店里，店主通常既是经理也是买手。

折扣店

　　折扣店类似于百货商场，但通常销售的商品价格低廉。折扣店要为普通消费者的大量购买而储存必要的商品。在这里出售的时装或时尚品牌不再被视为高档类的货品，但却有较强的市场份额，如知名的折扣店欧洲的特易购（Tesco），美国的塔吉特（Target）等。

超市和大卖场

一段时间以来，超市和大卖场主要销售的是食品，但是为了获得更高的利润，在当下许多超市和大卖场也开创了自己的服装品牌。这一举措曾在英国和加拿大的市场上发展的比较迅猛，在美国这种趋势也逐步被大众消费者和相关市场所接受。例如，加拿大零售公司罗布劳（Loblaw）旗下的一个私人时装品牌Joe Frech，近期在美国开拓并经营了独立实体店。

奥特莱斯工厂直营店

最初奥特莱斯是为了在工厂这一站点上直接廉价出售残次品或存货而建立的商店。如今，许多高档品牌的商品和中档品牌的商品更多地在这样一些偏远的零售店里对他们的存货、残次品和副线商品进行处理。这种大规模的工厂乡村商店最初源自于美国人的想法。

古董店、慈善商店或旧货商店

古董店里的一些服装有时看起来非常的时尚。这类店伴随着顾客对某类个性商品需求的增长，绿色环保、回收再利用等理念的不断成熟，逐渐成为重要的设计驱动力。在英国，大约有7000家慈善商店，那里只出售旧衣服，并且这种商店的数量在全球范围内正逐步增长。

网络零售

在过去的一百年中，消费记录被广泛地用于时尚销售中，特别是针对那些住在偏远地区或者乡村的消费者。消费记录在信用卡出现之前就开始提供消费信贷。虽然消费记录仍然在使用，但是它现在正在被电子交易及网络零售所替代，这些新型购物方式为顾客在任意地方购物提供了一条便利的通道。零售商能够通过全球联网的技术，利用私人电脑、智能手机和平板电脑向全球消费者市场提供服务。

其他形式的零售店

现在的机场、火车站、医院和较大规模的写字楼等，能出让一定的面积提供给不同类型的零售商。一些短期、经营或者是家庭式以及办公室式的商铺对于在哪里可以销售时装确实没有限制。除此之外，也有一些小品牌或者设计师品牌租用较大零售商店的内部空间进行特许经营销售，这些品牌每周会在它们获得的销售额里拿出一部分来用于支付这种特许经营产生的费用（或合同费用）。

图1-10

图1-10　市场层级

市场上有许多不同类型和不同级别的时装零售店，并且每一种形式都瞄准它们各自的细分市场，这其中有的是像T.K.Maxx的折扣店，而有的是精品店、百货商店或者是网络销售店。

国有品牌和自有品牌

时尚零售者要么会通过自己的开发与设计来生产一些畅销的货品，在其自有商店里出售（通常会以自有品牌的形式出现）；要么会从一些时尚产品制造商或时装设计工作室那里购买已有品牌的设计（这些牌子有国内的也有国际的）。而大型购物中心的零售商，通常两种渠道都会尝试。

国内（或国际）时尚品牌在购买货品时要求买手选择那些风险小且市场反馈好的货品，以及一些可进行组合再现的独立设计系列的货品。买手类品牌在商品企划中要求针对客户群的特征及需求来展开相关元素货品的斟酌挑选。通常在这种情形下，买手的工作主要是编辑与认知，无论是什么季节的进货，极少时会只盯着一个品牌的货品。而只选择一个品牌的方案，对于很多初创期的设计师品牌是不多见的。

图1-11

一些品牌的货品既能在具有独创精神的小型时装店里售卖，又可以选择一些大型综合商场来出售，通过零售获取的利润可能会因为在市场营销上的较高花费而降低。

对于一些自有品牌的营销，从某一方面而言，会比其他品牌货品的营销要求更有创造力和原创性。因此，买手需要参与并协助设计师的工作来打造出更好的设计，并确定和落实符合那一季度的服装系列。每一件服装和产品都是独一无二的，并且都出自于国内外的时尚设计师及设计团队。一旦生产线上的产品被落实，那么买手的工作就是制订最为合理的价格，寻求最为适合的加工资源以及商定最为可行的交付时间。

由于零售商选择直接从工厂采购大量的货物以达到规模经济管理，因此给出的价格定位也是最具有性价比的，进而能获得更多的利润。在很多情况下，零售商诠释了所谓的"品牌就是商标"这一定义，特别是一家零售店里只有一个品牌时，这个品牌就会被命名为该公司的名字，如盖璞（GAP）、海恩斯莫里斯（H&M）和PINK。

图1-12

图1-11、图1-12 国有品牌和自有品牌

国有品牌拥有自己的专卖店或是大型购物中心的专属区域，而一些零售商打造了拥有自身品质与潜力的品牌，如海恩斯莫里斯（H&M）。

"我们在寻求一种具有诗意和人文精神的品牌，是因为我们无法在和彼此的交流中获取这些情感。"

——娜奥米·克莱恩（Naomi Klein）

时尚购买方式

购买周期——理解消费者的购买习惯

一些理论书中给予消费者在购买时各种行为的原因进行了阐述和解释。然而，在思考之后，大多数人都赞同，存在一种促使消费者购买特殊产品的潜在购买动力。买手需要了解这些动机，以及其他一些重要的消费者行为理论和对应的方法，以最佳的状态来捕捉零售市场。

最早且最受欢迎的人类动机理论是由亚伯拉罕·马斯洛（Abraham Maslow）在20世纪50年代提出的，他认为个体的成长阶段要按部就班，一个台阶接一个台阶的完成。马斯洛理论中确认的阶段有（按照优先顺序）：生理和心理需求、安全感、爱和归属感、自尊、直至自我实现的目标（图1-13）。买手可以使用这个理论来评估和衡量各个阶段消费市场的特点，创建一个关联性的季节购买计划和定价策略。

另一个有趣的模型是决策理论的概念（图1-14），它引入了一个从较为整体的角度来思考的方法，用于评定消费者如何购买商品。虽然很难预见到个体的购买选择，但买手可以使用这个模型来确保消费者完成更多从货架到入筐的有效购买，并确保服饰质量和尺寸等问题的有效解决，同时确保不会因为时尚趋势的不定向而妨碍大众的消费。

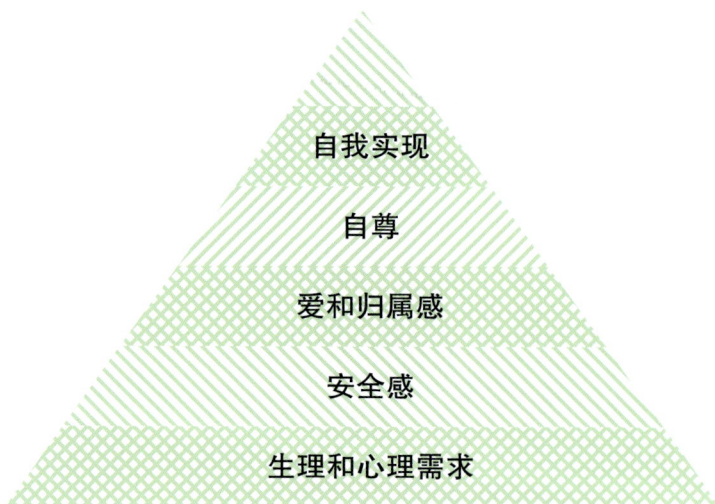

图1-13

自我实现

自尊

爱和归属感

安全感

生理和心理需求

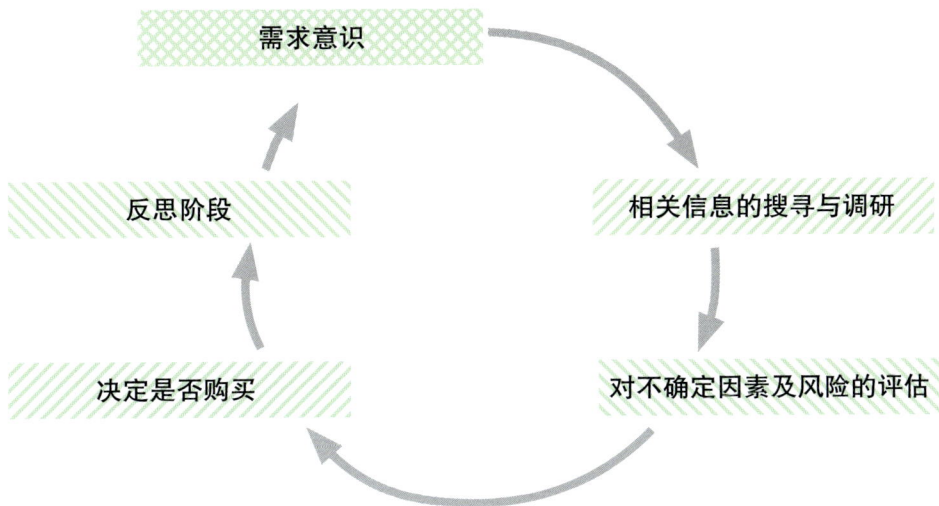

图1-14

```
           需求意识
          ↗        ↘
    反思阶段      相关信息的搜寻与调研
       ↑              ↓
   决定是否购买    对不确定因素及风险的评估
          ↖        ↙
```

在研究了一些方法及相关决策理论概念之后，买手有了更多的依据来深入挖掘消费者的购买意识，这对于推进或促成买手的采购有很大的帮助。买手用这些知识可以随时判断他们针对的购买市场范围是否应该是选择季节性的快时尚（在本章的后面会有所讨论），还是选择一些比较经典的产品类别，持之以恒地满足消费者的购买需求，这些都取决于买手为采购部门带来的货品。

图1-13、图1-14 时尚购买理论

时尚买手通过使用人类行为及购买理论，试图更好地理解目标客户，如马斯洛的需求层次理论（图1-13）和决策理论（图1-14），这些都是长期以来一直用于研究及洞察消费者购买模式特征的基本原理。

消费者的购买动机

实力雄厚、经验丰富的买手会敏锐地关注消费者的购买行为，并努力确保他们能捕捉到市场上消费者由如下动机而联袂产生的购买动向。

理性的动机

在这些购买行为的背后，消费者可以证明这是需要的物品，而不是想要的东西。这些物品大都是理性购买，通常由一些日常的必需品组成。消费者更多看重的是诸如质量、保健、是否好维护等功能。

感性的动机

此类动机是基于消费者对生活中的某些事件或物品的情感反应而产生的购买行为，因为这些物品能够给予消费者特殊的感受。例如，一位女性购买一只新款奢侈品手袋，是因为她被促销所打动而去消费。也许她并不真的需要这个手袋，但这种购买中产生的兴奋感和能够获得她去购买。这种购买行为通常能够为她带来更多的声望和认可感。

惠顾的动机

这种动机多用于描述消费者基于个人的喜好而产生的购买行为，这源于对一些品牌的忠诚和拥护或客户满意服务等而出现的动机。这一类消费者倾向于惠顾其喜好的零售店，所以频繁地出没同一家店面，甚至与这些零售店紧密依存。

全球的时尚消费者从来没有像现在这样越来越富裕，并且更趋于时髦。时尚着装不再仅仅是那些占主导时尚地位人们的风尚了，现在几乎每个人的生活里都充斥着时尚。时尚不再只是通过购买昂贵的品牌商品而获得，很多对流行时尚有追求的人可以通过较低的价格淘到称心且时髦有型的服装。有头脑的时尚买手通过洞悉消费者在日常的生活工作及社会交际中的穿着来定论时尚。街头现已成为很多时尚潮流开始的地方。

"时尚千万变，风格永留存。"

——可可·香奈儿（Coco Chanel）

了解消费市场

对于时尚买手来说，了解现代时尚消费越来越难，在此就其中的一些原因作如下罗列：

- 在社会大众媒体传播的推波助澜下，时尚产生了更广泛的影响。
- 在时尚媒体的大肆炒作下，穿戴求新求异、如饥似渴的需求与日俱增。
- 日益增长的经济发展，使得人们有越来越多的可支配收入用于时尚消费。
- 不同层次及文化背景的人有机会进行交流与接触，摩擦出更多的时尚潜意识以及不甘落后的潮流姿态。
- 来自大众媒介时尚评论方面的说辞，会在促进时尚快速更新的同时带来一定的压力。
- 比较明显的变化是休闲时尚独领风骚，即使是商务类服装也有同样的变化。
- 时尚越来越趋向于无性别化，有更多的女装和男装采用了中性服装风格。

图1-15

● 电子零售（网络营销）在全球市场范围内全面展开，网络销售全球化趋势越来越明显。

时尚买手需要具备热忱而敏锐的眼光来洞察社会及市场的潮流趋势。买手的工作有些和设计师比较相似，例如带有个人主观性的调研，他们会保留带有照片和图片的剪贴簿作为灵感的来源，以便日后参考。众所周知，一些大型零售商的买手会经常有规律地出入夜店及俱乐部等集中体现都市街头时尚以及亚文化风尚的地方，以便于买手能够及时跟进潮流动向。

在社会文化与经济发展的推动下，时尚消费市场如同其他市场一样，逐渐被细分成一些不同的领域。在欧美等西方市场上，时尚消费者喜欢通过打造自己热衷的小众系列而形成与众不同的时尚部落群，并且是顺应大众时尚潮流的。在西方社会里，时尚往往是由那些极具个性的社会成员引领的；而在东方，社会如同一个大家庭，非常重视整体价值的体现，这些都对时尚的消费有着重要的影响。

时尚买手需要随时跟进社会变化的步伐，并留意那些越来越快速呈现在人们生活中的审美趋向和时髦新生物。对于当下而言，买手需要更多地了解一些不同类型的小众市场的购买需求及取向，特别是那些随时尚品位以及品牌动向不断变化的需求与取向。那种看起来计出万全的时尚已经翻篇，快速更新的"快时尚"越来越广泛流行。

图1-15 时尚个性化群体

时尚历史从来没有像今天这样以如此快的步伐加速变化着。高科技的发展使得消费者远见卓识，时尚消费的个性化选择及购买呈现出越来越快的增长趋势。

解析快时尚

"及时性"这个专业术语在"快时尚"领域被视为一种特有的导向意义，同时快时尚也被广泛地应用于其他产业。快时尚源于日本汽车制造业的改革时代，这项改革缩短了供应链的交货时间，减少了库存，并提供优质的意见反馈和产品给那些有短期需求的目标对象。

快时尚给消费者带来的好处

- 商店里的商品更新得越来越快，给消费者提供了更多的选择，因此消费者也会有更多想要买的东西。
- 流行变化如此之迅速，使得消费者没有太多的闲暇关注是否有其他人穿着一样的衣服。
- 店里的服装商品总是能够紧跟时尚的潮流，这也许是让人们兴致勃勃前来店里购物的重要原因。
- 消费者热衷于购买那些价格合适并且是明星们在T台上展示过或在重要场合穿过的同款。
- 消费者能迅速找到他们想要买的商品，在购买的时候不会因为过多的心理纠结和时间消耗而影响其消费购买。
- 消费者能够从穿着和明星一样的衣服中得到心理上的自我满足（购物伴随着情感的发泄），而这些服装是明星或模特在近几周内穿过的款式。

暂时还没有关于"快时尚"的官方定义，它可以被认为是"如何以承担得起的价格尽可能快地获得最新的时尚系列产品，或是一些T台上最新发布的设计款式的转换，或是一些能够引起注意的潮流单品等"。快时尚是一个术语，尤其是指秀场中的设计被重新演绎，并诠释成高街时尚或主流时尚的商业产品等，这些大概在几周内就可以完成。这个理念的背后是缩短了服装商品展现在消费者面前的交货时间，这使得竞争者更难将有着同样款式和风格的衣服进行抢先促销。市场上最快最好的竞争者，应该是最先打造出全新时尚潮流的商品系列，并有望获利的人。

能够及时应对"快时尚"是一个优秀买手的标志。这是因为库存导致了获取最新时尚需要太久的时间，或者随着需求的减少，使得公司有太多库存，而不得不以一种低利润或者零利润的方式进行售卖。因此，很多时尚公司旨在不断地利用市场的及时反馈来满足消费者需求，从而缩短交货时间和提高公司的整体效率。

毫无疑问，为了确保能够迅速应对下一轮的快时尚，工厂、买手、物流经理需要加快反应速率，同时买手也需要留出一定的时间给予计划性之外的季节性购买。快时尚已经被越来越多的零售商采纳和使用，当然快时尚所带来的也正是消费者所需要的。

"时尚的更新是如此之迅猛和随性，这也是问题所在的重要部分，它总是在变化。"

——亚历山大·麦克奎恩（Alexander McQueen）

快时尚
反应周期

周期为14～24天

主要变量是：

1. 纺织品的可用性
2. 从工厂到批发商的距离
3. 从批发商到卖场门店的距离

创意理念或设计概念（时装秀以及名人时尚）

样衣制作（采用相似面料）2天

确定面料（储存面料或是由面料供应商提供）2天

纺织品的运输（+合适的辅料）2~5天

服装制作（之前已经协定好的加工厂）3~5天

成品运输（欧洲）3~5天（较远地区）5~7天

运送到配送中心

分配到各个门店2~3天

抵达门店卖场

销售（着手下一个设计理念的开发）

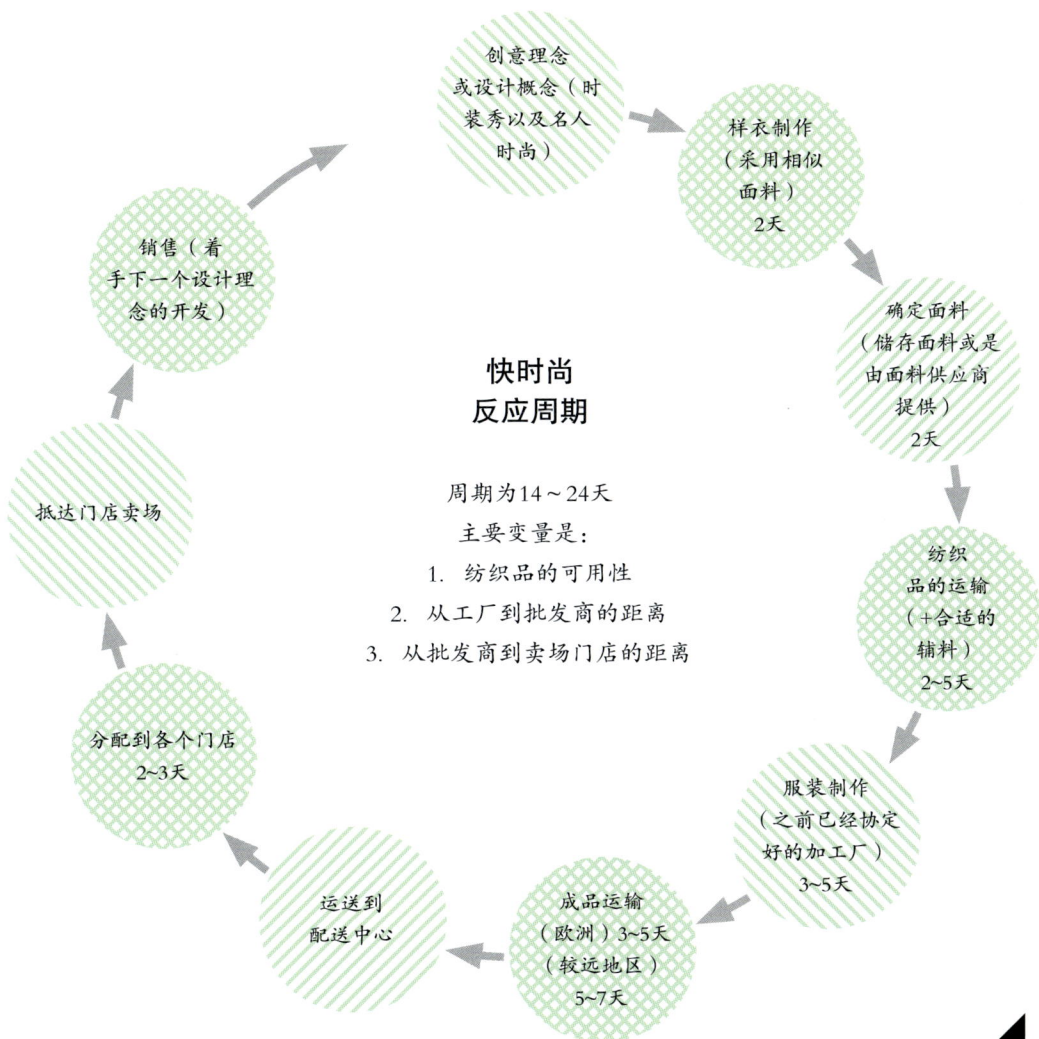

图1-16 快时尚周期

快时尚的周期变化总体是很迅速的，它的时间主要用在寻找物料资源、产品制作以及配送等环节。与供应商有着较好往来关系的买手在时间上肯定有着明显的优势。让顾客在卖场的楼层中越早感受到时尚货品，就越可能达到预期的销售目标。

商品分类购买

针对时尚行业的一些商品品类，买手可以从综合类的时装百货公司开始着手了解（女装、男装、童装以及家居服装类的商品）。通常，这些商品也有不同的门类加以区分，如针织类、机织类、服饰类以及根据季节的需要而进行的分类等。对于买手而言，女装往往是最具时尚流行感的，应该将其当作重要把握的一类商品；而男装和童装因其广阔的发展空间，为买手提供了大量的就业机会，所以男装和童装在快时尚这个领域里越来越受欢迎。

女性的衣橱里往往挂有琳琅满目的服装，这是男装及童装可望而不可及的，一般情况下，女性的购买频率是男性的两到三倍，其实这个数字没有太多的规律，但女装在时尚市场以及购买消费中的复杂多变性一直是备受关注的。正装和休闲服装是两大基本类别，如今越来越多元化且丰富的社会生活影响着服装商品的类别划分，例如，在一些商务场合，比较休闲的着装也正在被接受。

服装商品分类

不同的商业运作及交易，取决于总体的成交量，因此一个买手可能会同时负责几种商品类型，比如牛仔服和裤装。同样，也有一些买手同时负责很多配件商品的购置，每一次的交易可以根据买手这一次的商品层级来定位，但通常情况下，根据某一类的服装细节展开定位是比较多见的。不同的产品线里可纳入一些独特的类型，或其他类型以供参考。

性别：女装
类型：外衣
特色：正装
类别：连身裙装
产品分类：晚装
具体产品分类：长身连衣裙晚装
产品风格线：单一风格连衣裙晚装
尺寸和颜色：固定的服装尺寸搭配相应的色彩或印花

图1-17 ~ 图1-19　基本女装类型

尽管负责不同类型服装的买手是独立工作的，但他们会经常交流沟通，从而确保整个商品系列比较和谐统一。

女性的衣橱里往往挂有琳琅满目的服装，这是男装及童装可望而不可及的。一般情况下，女性的购买频率是男性的两到三倍。

图1-17　图1-18
图1-19

基本女装品类

外衣类：
　　外套、夹克、披风以及套装。

连衣裙类：
　　A型轮廓、超长类、迷你类以及连体衣。

上衣类：
　　女士衬衫、系扣上衣、无袖上衣、运动类上衣、T恤衫以及马甲背心。

下装类：
　　裙子、短裤、丹宁类下装、长裤、女士裙裤、紧身裤、裤袜以及打底裤。

服饰配件类：
　　手袋、腰带、围巾、手套、珠宝配饰、帽子、太阳镜、鞋子、袜子以及具有高科技时尚感的配饰。

内衣类：
　　睡衣、内衣以及泳装。

男装

男装的类别和女装相比可以说是大相径庭。目前，休闲式的着装风范大当其道。与女装不同的是，男装的购买总体上没有那么极端，但男装的三种主要类型与女装基本相似，包括外套、配饰和内衣。

时尚生活家居类产品

零售商越来越关注和人们的生活方式息息相关的一些时尚消费品，并在时尚购买中将其作为一个整体提供给顾客。买手以最快的速度掌握这些时尚创意产业中所涉猎的一些产品及要求，并使其与售卖的服装系列相协调。如今，很少会看到不使用平板电脑和智能手机的时尚消费者，传统的时尚产品会时过境迁，如今，从掌上电脑的提包夹到时髦的双耳机式听筒，时尚生活家居类商品越来越多地出现在零售店里。

基本男装品类

外衣类：

　　套装、外套、连帽衫、夹克、长裤、牛仔类服装、短裤装以及衬衫。

上衣类：

　　系扣上衣、T恤衫、运动衫、运动类上衣以及马甲背心。

下装类：

　　丹宁类下装、运动裤装、长裤以及短裤。

服饰配件类：

　　手套、帽子、围巾、腰带、背包、领带、袜子、配饰、太阳镜以及具有高科技时尚感的配饰。

内衣类：

　　睡衣、内衣以及泳装。

图1-20

图1-20　男装

如今男装多了一些休闲少了一些中规中矩的约束，这些趋势也是买手在挖掘更多的商品时需要考虑的，比如在男装系列中增加一些具有运动风的商品。

图1-21

童装

童装可谓是最复杂也最有赢利机会的一类商品。从婴儿到幼童，从学龄前儿童到学龄期，再到青少年，其服装都是不尽相同的。童装的售卖一般拥有比较丰富而多样的型号和尺寸，以满足不同年龄和身高孩童的需求。

图1-21　时尚生活家居类产品

一些零售商与时尚生活家居类产品的供应商展开合作，在卖场中售卖家居类生活用品及饰品等，打造出基于某种时尚生活方式的购物理念。如图1-21中Fabrice LeRouge的店面设计。

图1-22

图1-22　童装

童装是一类比较复杂的商品，有时在其设计中能看到成人装的影子，并且价格不菲。

零售商越来越关注和人们的生活方式息息相关的一些时尚消费品，并在时尚购买中将其作为一个整体提供给顾客。买手以最快的速度掌握这些时尚创意产业中所涉猎的一些产品，并使其与售卖的服装系列相协调。

案例研究：克丽丝藤·卢西奥（Kristen Lucio），电子商务企业家

图1-23

　　克丽丝藤·卢西奥，从时尚造型师转型为企业家，拥有并经营网上零售精品店KroweNYC和BadlandsVintage，通过Etsy购物平台销售，主要面向那些钟情于独特服装设计和时尚前卫风格的年轻消费者，并且，她专注于复古服饰和配饰系列的设计。

作为一名时尚造型设计师，克丽丝藤·卢西奥曾经在迈阿密当地的时尚杂志社做编辑，在不同的刊物上发布其拍摄的作品及照片，并且也曾作为一些名人的私人造型师展开工作。她目前在开发一个电子商务网站，她把一些新潮设计和目前的复古系列融合在一起，开发出最为摩登的现代时装和配饰进行销售。同时克丽丝藤在她位于纽约布鲁克林的工作室中经营着时尚女性和时尚先生的网站，以及摄影工作室。

克丽丝藤的时尚工作是从为一个零售连锁店做视觉营销开始的，这项工作给了她在实现企业艺术指导、平衡预算、分析商务和预测趋势等方面的机会。在作为视觉营销师的工作中，克丽丝藤还在构建新型展览、季节性趋势报告和西装人体模型等方面有所尝试。

从那时起，她开始在当地的模特经纪公司做造型师助理。不久之后，她开始协助顶级造型师在时装秀和出版物方面的工作，如意大利版Vogue。

几年之内，克丽丝藤的主要工作是在迈阿密为一些知名的电视节目做设计和摄影，在那里她开始开发了一个以名人为主的客户群，并且为这些名人的红毯秀做形象设计和编辑摄影。这些都给了她丰富的经验，也为她之后在作品的提升等方面进一步埋下了伏笔。

在决定开创自己的零售商店之后，克丽丝藤来到纽约，并且开了两家线上商店，迅速在不断发展的以网络为基础的购物社区里以各种方式展开推广、宣传和销售自己的商品。

对于她的新公司，克丽丝藤说："这可能是我职业生涯中一个最难的决定，开一家店，特别是网络商店。"你可能认为这比开一家实体店容易且便宜，但克丽丝藤却不这么认为，她说："很有可能，它会更加的困难。在最开始的阶段，我是买手、网站业务跟单员，同时也是社交媒体的总监、客户服务和运输方面的负责人，同时我还是摄影师、时尚造型师以及艺术总监。"

克丽丝藤乐观地建议那些希望自己创业且拥有自己事业的人："如果你不热爱你的职业，那么建议就是换掉它。因为你对于工作的热情会使你在生意中更上一层楼，并且成为成功的驱动力。"

图1-23 KroweNYC

克丽丝藤·卢西奥是一个拥有很多头衔的企业家，但是她最爱的身份是时尚买手！

Shop Sections

Shop home 35 items

SMALL 4

MEDIUM 8

LARGE 14

X LARGE 4

SHOES 2

ACCESSORIES 2

Shop Owner

Krowe
Brooklyn, NY, United States

Contact

Favorites

Followers: 12

Feedback: 3, 100% po

Shop Info
BadlandsVtg
Opened on Dec 14, 2012

图1-24　全球瞩目

　　为电子商务采购商品是一个非常艰巨的任务。网络生活可以辐射全球社区，因此对国际流行时尚趋势的关注很有必要。

BADLANDS

BadlandsVtg
Vintage apparel, accessories and man cave decor

✓ Like 170

Welcome to the Badlands! We look high and low for Men's vintage fashion so you don't have to.

⊗ This shop accepts Etsy Gift Cards.

Search in this shop | Search

Sort by: Custom ▾

1990s Mens Brown Four Poc...	1980s Samsonite Canvas an...
BadlandsVtg $29.00 USD	BadlandsVtg $38.00 USD
1990s Mens Vintage Brooks ...	1970s Ivory wool knit "Nieuw...
BadlandsVtg $36.00 USD	BadlandsVtg $42.00 USD

1980s Taupe Hounds tooth ...

1980s Mens NY Yankees Bo...

Mr. Rogers 1970s Sky Blue ...

1980s Classic Trench coat w...

图1-24

专访：克丽丝藤·卢西奥（Kristen Lucio）

问
答

您是如何寻找您的购买源的?

最早是从我的个人衣柜以及我的造型师装备里囤的货开始，这里有各种时髦的东西。目前，我会和我的助理跨城市购买商品，并为我自己的商店打造一种"范儿"（风格）。我的建议是：不要过度购买，一定要找准你的客户是谁，并且了解卖什么最好以及以什么价位出售？然后你就会构建起一个与你的经营美学一致、而且能够满足客户需要的时尚王国。

问
答

对于季节性的时尚采购，您采取的是什么方法?

洛杉矶人的穿着和纽约人的穿着极其不一样，举个例子，如果你想购买或推销纽约流行的商品，你的洛杉矶客户不太可能会购买，因为他们有时不一定理解东海岸的市场趋势。几年前，我比较多地参考一些时装杂志以及时装网站www.style.com中发布的流行趋势，而现在，社交媒体和博客让这些变得更容易，并且势不可挡，在那里能够发现全世界的时尚趋势有着怎样的变化。

洛杉矶人的穿着和纽约人的穿着极其不一样，举个例子，如果你想购买或推销纽约流行的商品，你的洛杉矶客户不太可能会购买，因为他们有时不一定理解东海岸的市场趋势。

问答

电子商务对您的产品需求有影响吗?

我想说它已经将复古风推上了网络购物的时尚前沿,并且这种感受很强烈。尽管竞争很激烈,但之前你只能完全依靠客流量进行销售,整个环节中的库存会比较清楚。另外,广告并不是展示和推广你的产品的唯一选择。

问答

您如何为您的服装定价?

我的服装没有一个特定的价格。我会研究其他复古风商家的物品及其价格,通常这样拟定的价格都很有竞争力。重要的是,要确保有足够的利润来支付所需的劳动力和其他业务成本,比如洗涤费用、拍照等。

问答

怎样提高一个项目的销售或促销?

我看到很多人是根据季节做销售,但我不这样做。因为在互联网上,任何一个季节都是当季,并且还覆盖了很多地方。我会给更多的用户以及追随者做促销活动,我也能够通过这些促销活动回报客户,在Twitter和Facebook上关注我们可以获得15%的折扣。所以说社交媒体是最好的广告。

问答

您曾经从事视觉营销,您觉得买手和店铺的视觉营销团队有直接关系吗?

当我从事视觉营销时,如果有必要我肯定会接触到买手。我非常肯定的是,训练有素的买手也会是零售业务的驱动力和成功的原因。为了吸引一些特别的顾客,商品需要展示或者用一种最大化销售的方式装备起来。因此,有时需要脱离公司固有的可视化模式,而打造出更为恰到好处的营销环境。

第一章总结

　　这一章主要检视了以市场经济效益为驱动的角色认定者——买手，在商业运作中最为重要的一些方面。同时也探讨了作为一名比较优秀的买手，其应该具备的个人素质以及作战能力有哪些。时尚买手在团队中具体从事的工作及内容被一一解析，与此同时，也梳理了一些拥有自己商标及品牌的买手与前面提及的一类买手在工作上有何不同。本章在女装及男装方面有比较多的讨论，同时也涉及了童装。在此，我们也探索了多种不同的零售商业中买手的工作特点，而不仅仅是那些屈指可数的高端时尚等。

问题及讨论要点

　　在如今激烈竞争的市场环境中如何成为一名成功的买手，我们还需要讨论一些其他方面的问题。

　　1. 你认为成为一名成功的买手需要拥有的主要技能和特性有哪些？

　　2. 哪些技能及主要属性是你乐于去了解并提高的，为什么？

　　3. 你是否认为作为一名女装的时尚买手，工作比从事于男装及童装的买手要容易很多？

　　4. 作为买手需要和供应商以及一些设计师通力合作完成产品系列，和那些自有品牌的设计师创作相比，在打造一系列时尚产品时有哪些不同之处，哪一种更以个人的驱使动力为准，为什么？

　　5. 你是否认为，时尚只能来自于那些高端的设计师品牌以及高端时装设计？

　　6. 对于你个人而言，平时哪一类时装店是经常光顾的，为什么？

练习

1. 列举第一章中讲述的针对年龄在16至22岁之间女性的时尚购买时，买手需要具备的技能与品质有哪些，并说明原因。

2. 时尚巡游，和你的一位好友来一次巡游，去发现与第一章中所提及的不同类型的时装店，并尽可能多地记录这些店的名称与类型。

3. 重复第二题中的工作，但改换一下性别（将女装店置换成男装店），是否发现这个工作比较难？为什么会这样？

4. 将第二题中罗列的店面名称与类型整理一下，看看有多少是你平时不怎么光顾的店。请简要地回答你之所以较少光顾的原因；同时，可以和你的朋友探讨一下相关体会。

5. 前往一家大型购物中心，并向专业销售人员了解你不熟知的一些品牌。在交流中进一步地了解哪些是设计师品牌、哪些是特许经营的品牌，分别找到至少两种不同类型的品牌进行深入了解。

6. 和你的朋友一起，挑选出三个你比较喜欢的时尚购物中心，并用简洁的语言描述一下喜欢的原因。哪一类因素是导致你非常喜欢这家店的原因，是店面设计、商品本身，还是店员的服务或是其他一些因素。

7. 选择一家复古时尚店或是二手古着时尚店，列举一下你希望购买的商品或是准备试穿的物品。如果没有的话，请解释原因。

图2-1

时尚购买灵感源

第二章

时尚在历史中发生了翻天覆地的变化。前一刻，人们对皇家贵族精美绝伦的服饰造型感叹不已，下一刻，即有一些时尚杂志，如美国时尚（American Vogue）将其以各种形式进行演绎，例如以线描插画或摄影等形式将这种皇家复古时尚风传播开来。

在20世纪的30至50年代，电影及电视是传播时尚的重要渠道，来自法国、意大利及美国的电影在此期间为时尚的传播推波助澜。自20世纪90年代开始，互联网的发展成为了传媒界的主力军。

如今，流行时尚日新月异迅猛发展，人们通过高科技互联网等手段快速获取时尚信息，使得时尚买手不得不做出更积极的反应，无论是接纳新的理念和信息资料，还是对之进行分析与应用再现，以及直到开发出能满足消费者购买喜好的时尚产品，所有的过程都不断地被加快。

图2-1　2011春夏系列

在来自美国的青年服装设计师扎可·珀森（Zac Posen）春夏季的女装成衣中，羽毛以及蝴蝶结的使用令人眼前一亮，正如他自己所阐述的："之所以越来越多的人热衷于时尚，是因为时尚能够让你与众不同并精彩纷呈……这就是时尚。"

买手、设计师和市场

国际市场的相似点和不同点

一个时尚买手会面临很多挑战，但是最大的挑战莫过于在每一轮新的季节性符合市场需要的时尚产品打造中，能够针对国际市场和国内市场做出不同的定位。投资海外市场的零售商通常会设立买手团队，来应对本土文化和国际市场的需要，确保目标市场能够精准地触碰到这些定位。

首先应该被认定的是，要掌握针对不同市场及市场中不同级别的工作内容进行定位。比如在美国，一位领军人物或资历较深的买手能够做好为不同性别、阶层以及来自不同领域的客户提供服务。这就意味着买手能够很好地监督、分配自己的商品，并能做好更为广泛的商品管理工作，当然也包括视觉营销策略的制订等（一些具有艺术气息的创作展示能恰到好处地促进与提高商品的销售）。

在以上实例中讲述的工作内容应该是领军买手和商品企划者们的本职工作内容，也是确保他们的商品得以成功销售的重要因素。然而值得关注的是，买手是在给什么样的零售集团、来自于哪个地区或国家的零售集团工作，这是需要有针对性分门别类对待的问题。

另一点很重要的不同之处在于，买手应该意识到有关降低或提高市场价值这一点。如果一个买手为国内市场和国际市场进行新一季商品开发时，那么买手应该意识到财政支出等经济问题会直接影响到商

图2-2

品的价格和定位，例如货币流通的汇率情况会导致哪些商品系列市场价值的波动，哪些商品系列值得进一步开发等。买手应该注意到，通过这种方式的分析判断，弄清楚市场经济能够体现商品销售的价格。如果没有考虑到货币流通汇率的波动，价格持续不变的，有时会导致销售者获利比预期少很多。

另外一个很重要的因素可能阻碍买手在工作中很好地展现其能力的，那就是打造商品系列的时间观念，包括样品的交货时间、商品信息从一个地区到另一个地区的传输时间等。同时，了解国际市场的关税及其相关政策等对于商品的进出口也是非常重要的。

通过网络等技术，买手能够及时了解这些信息并且在事发之前处理好。广泛使用网络资源帮助人们缩小了国内和国际零售市场的距离。对于买手而言，如果想要处于竞争的主导地位，具备随时关注并了解国际事件的意识是非常重要的。

图2-2 给新定位的市场引进商品

在国际商业房地产嘉年华的国际商业房地产展览会（MAPIC）上，一位参与零售的买手正在了解与调查供应商的生产线。参与这样的活动，有利于了解现有市场中所引进的新商品和供应商的反馈，同时也有利于展望市场前景并做好全球扩张。

为买手提供市场信息的全球国际贸易协会组织

国际时尚集团

一个基于时尚与零售设计等较全面的商业活动的管理权威机构。该机构给予设计师及时装公司一定的帮助，从而使得他们能够在这个领域里更为专业。

fgi.org

VSMD

VSMD的专长是提供有关零售设计、商品管理、产品知识以及行业新闻等内容。

vsmd.com

RDI

零售时尚研究机构提供了一系列促进零售环境进步以及与时尚零售界合作共赢的机会。

retaildesigninstitute.org

FIRAE

国际时尚零售执行协会论坛组织，致力于提供与国际零售贸易往来相关的市场信息。

firae.org

POPAI

全球零售贸易协会组织，为零售产业提供了教育及市场调研的机会。

popai.com

人们经常会认为昂贵是时尚的又一释义，因此购进高端商品即是买手的主要任务。但这其实是一种谬断。事实上，随着市场的扩张，时尚已变得更为亲民且大众化了，这在很大程度上导致了买手活跃于各个层级的市场，为各类市场提供服务。

时尚已经不再是有钱人的专利，也不是只有高端商品才是时尚的代表。如今，越来越多的时尚潮品在各个层级的市场中随处可见，对时尚拥有敏锐触觉的人可以用很低的价格将自己打扮得非常时尚。那些只是将昂贵的名牌和设计师品牌堆叠在身上的人，也许已经过时了。

人们有时会将这一现象称为从普里马克到普拉达效应（the Primark to Prada effect），这一效应既指消费者对高端市场出现的新潮流表现得越来越理性，也指更多的主流和高街品牌努力以廉价亲民地手段对这些新潮流进行模仿与再现。

图2-3、图2-4　从普里马克到普拉达效应

依靠海量选择、紧随时尚以及廉价亲民等关键因素迅速获得成功的普里马克（Primark），其简约、无装饰的店面风格，与奢华的普拉达（Prada）门店形成鲜明对比。

图2-3

图2-4

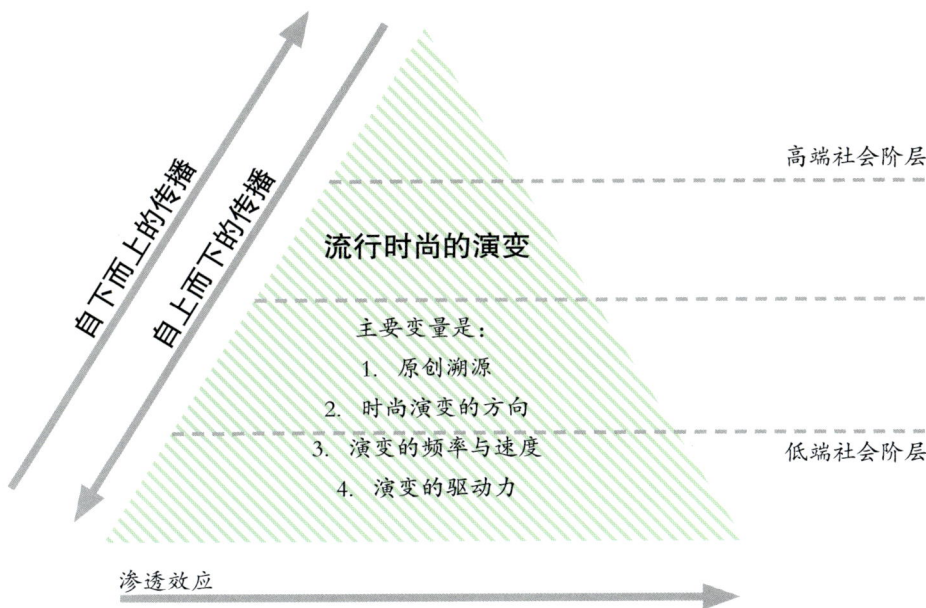

自下而上的传播

自上而下的传播

流行时尚的演变

主要变量是：

1. 原创溯源
2. 时尚演变的方向
3. 演变的频率与速度
4. 演变的驱动力

高端社会阶层

低端社会阶层

渗透效应

图2-5

图2-5 时尚定向理论

在某些情况下，可能会出现一种"渗透效应"，即所有的亚文化都会同时迅速地进入同一趋势。大众传媒渠道集中效应及推广，是产生这一现象的重要因素。

买手也会借鉴时尚中的定向理论，以了解市场是如何受到各类细分消费者市场影响的，而这样做的重要目的是探明导致这些流行趋势的先锋人物有哪些人？发源地在哪里？会持续流行多长时间？一种流行趋势可能会在较为高端的市场先出现，随后到较为低端的大众市场，以能够被多数人接受的价格进行传播转换并采纳（反之亦然）。恰恰正是因为时尚这种能够在更大范围零售终端开放的特点，以及其对不同子市场之间的交流融合能力等特点，为买手造就了许多新的时尚购买机会。

买手准则：价值∝质量×价格

无论时尚消费是在哪一个层级的市场进行，消费者始终都会期待市场中的商品物超所值以及更高的性价比，无论是在折扣店还是在高级时装店。买手所需牢记的核心公式是：价值∝质量×价格（价值与质量和价格间的关系成正比）。

设计师与买手的关系

虽然设计师与买手关系密切，但买手才是最终负责决定将哪些产品向市场投放的人。

大部分的大型服装零售商和品牌都会选择组建自己的设计团队。在设计团队中，虽然设计师和买手各自负责的业务是不同的，但是通常情况下，买手都会与设计师进行沟通，两者共同协调开发出新的时尚概念以及样衣成品。

另一方面，许多小型的服装服饰商没有足够的营业收益来支撑他们雇佣全职设计师，因此，这些企业倾向于雇佣项目设计师或其他自由职业设计师。这种雇佣方式的最大好处是自由设计师能为企业提供新鲜的视角来帮助其进行产品创新，毕竟如果一个独立设计师或买手在某一商品领域或某一品牌中工作太久，很容易导致创造力的缺失和设计思维的僵化。

图2-6

图2-6　设计师和买手

买手和设计师通力合作，开发新一季的时尚产品，大部分的灵感都是从最初的平面时装效果草图开始的，并在之后被制成样衣原型。

图2-7

图2-7 与设计师一起工作

设计师根据零售买手的建议对设计进行调整。这些设计师是受聘于本集团的合约设计师。

在每年购物季开始的数月之前，所有来自团队内外的设计师及买手，都需要聚在一起并开会讨论整个时尚行业新的流行趋势，以此对将来的战略发展做出决策。在会议初期，与会人员以专业流行趋势调研机构提供的预测为参考，进行初步的头脑风暴。灵感来源于会议的所有参与者，但最主要的是来源于设计师和买手，他们一起进行预测，以此实现产品的最大获利。

市场调研

利用正式及非正式的调研手段，配合定性的分析和定量的数据统计来持续地进行市场调研是买手的一大职责。而非正式调研的信息资源则来自于买手与其组织内部及外部同事、朋友之间的信息交流。

与外界进行商业会议可以给买手提供关于竞争对手的内部信息以及整体贸易情况。虽然这些情报经常被用来为企业获取利益，但是保持商业从业人员的道德操守也是非常重要的。比如一些来自于外部机构的竞争对手情报，其所有权应任属其信息提供方，而这一点则需要广大从业人员所共勉。

营销组合

无论是在时尚业还是在其他行业中，营销的概念往往会被人所误解。许多人简单地将营销理解成公共关系和广告宣传。但事实上，营销的内涵比之远远丰富得多，它包括（尤其是买手方面的工作）产品的缔造；提供服务；向消费者传递价值；以及分辨哪些人会在多次购买中成为品牌的忠诚消费者等一些运营方面的重要信息。

1948年，来自哈佛商学院的尼尔·鲍敦教授，将"好的营销是以建立与消费者长期关系的营销"作为基本原则，提出的"营销组合"这一概念。这条基础性的营销概念提出了，所有好的营销是以适度的价格、在恰当的地点，通过匹配的推广方式来向消费者提供恰到好处的产品。

时尚买手的困境

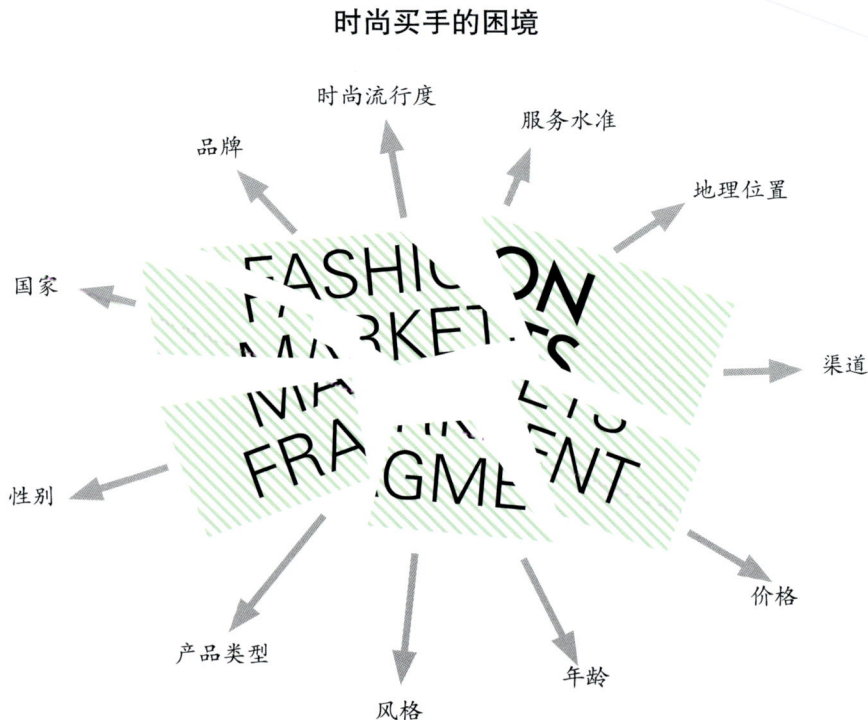

图2-8

听起来似乎挺容易，但真正在时尚营销中做到商品、价格、渠道、促销这四点准确无误却是难上加难。通常情况下，时尚买手并不会将自己视作一个纯粹的营销人员，但事实上，买手是时尚商品营销组合的主要驱动者，并对其产生最深远的影响。买手是服装商品的定义者，是商品零售定价策略的主要驱动者，是（与零售商一道）进行商品备货及供应筛选的决策者，最终也是相关推广活动的重要参与者。

正面的市场调研

媒体对发表在华尔街时报或金融时报等许多国际商业刊物上的有关时尚业态及时尚店面的信息有着浓厚的兴趣，而买手则需要通过对这些媒体资讯的阅读来获取关于竞争对手的商业行为和经济状况等信息。

除了紧跟商业及时尚新闻的更新步伐，许多买手还会配备专门的市场调研经理来帮助自己从定期的市场信息资料中综合提炼出有效信息。而这些市场信息则大部分来源于公开的市场调研报告。

国际市场调研机构

敏特尔（Mintel）

敏特尔是以内容量广而闻名的国际时尚报告调研机构，其报告服务有纸质或电子等不同形式，内容需付费。一些大专院校及学术机构的图书馆是敏特尔的主要用户。

mintel.com/press-centre/press-releases/category/2/fashion

维迪克特（Verdict）

维迪克特专注于零售市场，同时还提供一系列国际时尚零售报告。用户主要为企业。

verdict.co.uk/reports_sector.htm

欧睿信息咨询公司（Euromonitor）

欧睿是一个国际调研机构，涵盖了包括时尚业在内的各个行业市场。

euromonitor.com

关键字公司（Key Note）

关键字公司主要关注英国市场，但其在服装方面的资讯也非常丰富。

keynote.co.uk/index

注：除此之外，还有许多专业化的市场调研机构，这些机构通常关注于某个国家的时尚市场。

图2-8　时尚市场的不同区域

买手会不断地遇到各式各样的区域市场，有些市场会削弱品牌形象进而导致营销活动付诸东流。而买手可以凭借其对内部、外部流行信息定性、定量的分析来培养其直觉和能力，在商品系列的采购中加强品牌零售商品的时尚影响力。

关注消费者

如果一个买手始终将自己的喜好凌驾于消费者的需求之上，那么这样的买手就只能收获失败。买手需要一种与生俱来的能力来处理海量的数据和信息，而对这些数据及信息的妥善处理则是买手做出决策的保障。这些数据来自于内部或外部进行的人口统计学与消费心理学研究的结果。

不同公司的营销调研等级差异巨大。一些企业会从自己的目标受众中雇佣小的团体（聚焦点小组），来对其受众的时尚观点、着装态度、品牌偏好以及购买习惯进行半结构化的调研。

根据组织规模大小的不同，其他企业则会从专业的市场调研机构或品牌顾问公司获取数据。这些措施保证了企业总是能够了解自己的消费者或潜在消费人群，并为其新的产品系列提供决策支持。而这些也都帮助了企业在打造一个全新的设计理念之际，从其目标及潜在消费者的诸多方面入手，有的放矢地制订新产品系列。

"我以现实生活中的人为对象进行设计，时刻将消费者的需求放在首位。不考虑实际穿着的服装或配饰的设计是令人无法容忍的。"

——乔治·阿玛尼（Giorgio Armani）

图2-10

量化分析市场趋势的一些实例

有关人均消费的人口统计学及心理学的数据经常被按性别、年龄、品牌等指数分类提供给买手，以便买手凭借这些信息了解社会经济发展的关键性趋势。过去的、现在的以及预期的销售业绩经常以每天或每周一次的基本频率进行周期性地复验，帮助买手掌握商品的销售状况。这些定量的数据可以帮助买手做出增仓或降价等不同的决策。

在公司内部开设零售店也能为买手提供有关消费者的额外信息，而这样做不仅能复核企业与买手已经通识过的资讯，更能为其提供发生在具体零售场所的实时变化的讯息。

销售人员会受到日常生活和文化环境，如娱乐、流行文化、传播媒体、街头时尚的影响。诸如此类非正式的市场调研，对于买手了解其消费群如何穿衣打扮也是非常有帮助的。

图2-9

了解零售商的消费者细分

以下罗列的是一些买手用来更深入地了解他们的消费群的经典营销策略。

消费心态学——通过人口统计学和心理研究学共同探讨消费者的行为模式、价值取向和选择偏好。

目标受众学——通过人口统计学和心理学指标将消费人群分为若干子群，这样做可以帮助买手更深入地透视公司形象、商品及服务等各种有形和无形的属性。

差异划分法——在与同类产品的竞争中，以特殊手段包装公司的形象、商品以及服务，从而使公司获得竞争优势。

市场定位法——通过差异划分法和目标受众学为零售商品牌、商品以及服务创造新商机。

图2-9、图2-10 了解客户群

买手对其细分消费群加以分析，通过性别、年龄、个人背景以及收入等人口统计学的内容，将某些消费者的偏好与具体的零售关联起来。

流行预测

在很久以前，时装设计师、生产商和买手就已经自发地开始了非正式的流行趋势研究，但直到20世纪70年代，有组织的流行趋势预测才开始出现。错估流行趋势的代价是高昂的，因为滞销的产品会导致折价出售，进而影响企业盈利。因此，流行趋势预测在当今的时尚产业中占有越来越重要的位置。

图2-11、图2-12　流行色预测

许多买手会借鉴流行色预测机构的资讯。潘东公司就是其中一例，简称PMS，即潘东色彩配比体系，旗下著名的潘东色卡适用于纸张、面料等。潘东在流行色预测方面居于领导地位，在时尚业内享有极高荣誉且经常与零售商进行合作——下图是潘东与优衣库（Uniqlo）合作的开士米羊毛系列。

概念、流行色与灵感源

即便买手工作内容不尽相同，但在理解并消化流行趋势的方式上仍存有一些共性。小公司倾向于采用更多独特的方式来进行，而大企业会倾向于系统性、有规律、有节奏地展开运用。除此之外，大企业也更有能力以相对高昂的价格从外部机构引入流行趋势预测服务。

大部分买手在决定新的商品系列时，会综合参考各个预测机构的不同意见。例如，买手既会采纳像贝可莱尔（Peclers）这样在法国居于领导地位的流行趋势预测机构的预测报告，也会吸收英国的世界时尚咨询网（WGSN）或Stylesight这样日益有影响力的机构的预测资讯。大部分流行趋势预测机构能提前很多季为买手提供更为全面并且价格不菲的流行趋势预测定制服务。这些服务可以通过网络提供，也可以采用实体图表等形式呈现。在流行趋势手册中配有高清彩色图片以及面料和纱线的小样，这些图片及样品可以为买手与供应商的商业恰谈及新产品开发等提供方便。

图2-11　图2-12

扩散曲线

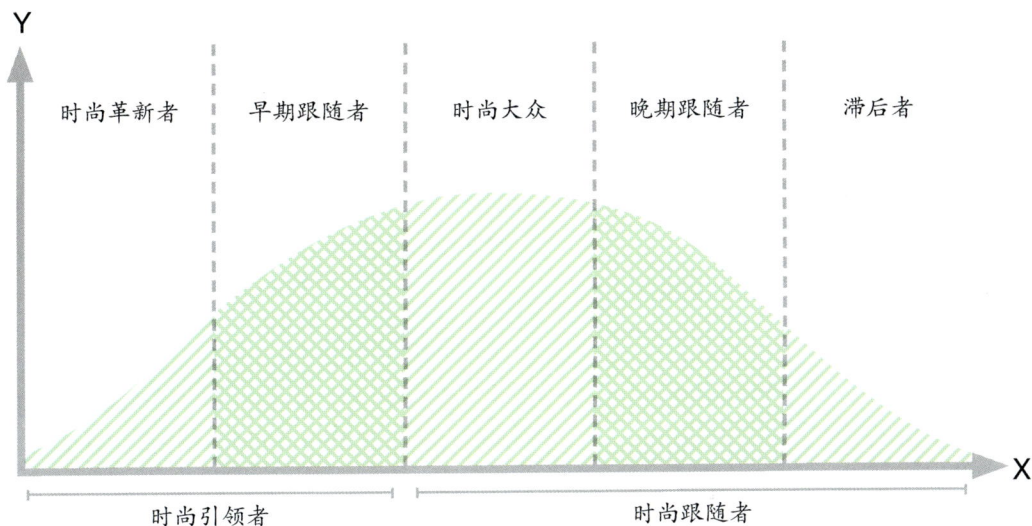

图2-13

图2-13　创新扩散理论

埃弗里特·罗杰（Everette Rodgers）在20世纪60年代提出了时尚扩散这一概念。在这一概念中，他首次提到，创新成果是需要大众接受和认可的。在图中，横轴（X）代表了创新成果在消费群体中传播的时间；纵轴（Y）则代表了创新产品的生命周期。买手可以通过这一理论预测新一季产品的流行时间。

同其他时尚行业的从业人员一样，买手也会受到各种各样流行趋势的影响，这些影响可能来自于买手的个人生活，可能来自于与同事、生产商以及管理人员之间的交流与会晤，还有可能来自于更为庞大的时尚媒体信息。许多新兴的时尚企业甚至会为买手参加俱乐部、音乐节和发布会等活动提供资助。每年，买手会在进行国际调研采购的同时，借机穿梭于各个国际时装博览会、时装秀和时尚展览。通常，买手会与设计师同行。在这一过程中，他们通过文字与照片记录每个灵感瞬间，以便把握未来新品开发的方向，而这也是在进行正式市场调研前的必经之路。

国际时尚买手可参加的专业商品交流会的数量正以指数增长。在大型时尚公司任职的买手通常会谨慎地选择参与行程，这些展览与参展公司的产品系列有直接相关，有助于了解最新的产品信息。

图2-14～图2-16　国际商品展示交流会

买手通常只会去观看与其关注的特定产品相关的秀场或展会。在秀场里有许多卖家，他们期望买手选中的设计系列能作为下一季的主打产品。

商品展览、交易会和秀场

买手通常会与同行、本公司或其他制造商的设计师参加专业商品交流会，偶尔也会同公司高管一起参加秀场活动。展览会、交易会商品展台所占范围极大，绵延几百米的展台均为卖家、制造商以及供应商设置的展示区域，如果以一种随机的、毫无筹划的方式做一场秀，那对双方来说都是费时费力的举动。

在如今快速更新的时尚行业市场里，买手通常会发现去处理行政事务和团队合作等问题，以及还要面对供应商无休止的电话等，浪费了他们太多的时间。商品交易会正好可以给自己更多的思考时间和统筹机会，在此期间能够持续地对一些具有良好销售潜力的产品做跟进与记录，这个过程能够培养促进时尚行业发展的潜能。

图2-14

图2-15
图2-16

为什么商品交易展览会对时尚买手来说如此重要

　　在商品交易会上所花费的时间和金钱可以使企业直接受益，同时也能让时尚买手受益：

● 与供应商、品牌代表以及设计师的最新系列作品保持同步。

● 综合新的灵感来开发下一季的产品系列。

● 与其他人员、组织或者企业等沟通来确保自己的想法能够准确传达。

● 寻找潜在供应商、品牌商或设计师进行合作。

● 确保当前系列产品设计的成熟度，同时也确保公司正在开发的产品系列能跟上新一季的需求。

● 留意潜在订单，主要是小公司或非独立企业的买手，这些企业需要购买设计师或制造商品牌。

　　"我不认为女人需要另一个黑色手袋，她们已经人手一个了，因此我想这一季更需要的是色彩。"

——卡罗琳娜·海莱娜（Carolina Herrera）

许多展位的商品或许不是买手目前需要的，但这些展示还是会让买手接触到一些与服装有关的面料色彩明暗变化、风格及纹理特征或者印花等方面的不同，这都为买手在今后打造新的设计做好了铺垫。

买手或设计师在逛展会之际也会随手绘制出时髦或有新意的时装及细节，或是拍些照片留作资料。有充分准备的买手会留着大量秀场邀请函的详注，同时也会保留相关的企业名片或者展会手册。注意有些时候是不允许拍照的，因此有必要提前与展会的主办方进行协商。

图2-17、图2-18　展会供应商

供应商总是希望通过展台的视觉设计效果来吸引更多的零售商。展会空间的租用价格并不便宜，因此供应商会为一些靠近展会出入口、拐角以及过道的展位支付高昂的价格。

没有哪个买手能够在有限的时间内参观走访到每一个展台，这对于那些经常光顾且有经验的买手来说也是同样的。重要的是买手要提前安排好计划与行程，并能够迅速投入到那些有潜力、具备创新度且吸引人的展台。

即使有了计划，也可能会发生一些意想不到的事情。比如，有些买手第一次去展会就遇到了以前从未见过但非常激动人心的新品牌或制造商。通常情况下，买手会互相帮忙留意在白天展会上看到的有趣的事情，并在随后的交流中互换信息。

图2-19

图2-20

逛店

由于大多数的时装展览和时装秀都在世界时装之都举行，因此这也成为了买手逛店的好契机。为了发现一些新的品牌或商店，采取比较性购物的形式，能够对未来的发展提供一些有用的讯息。许多大型企业允许买手去选取并购买一些有创新意义的商品，并放在买手办公室里进行展示。

比较性购物之旅，就像是参加商品交易会，需要谨慎地策划与组织。通常情况下，流行预测机构会应要求给买手提供一些热门商铺和国外的顶级购物地段。在具有时尚气息的都会里闲逛，也给买手提供了捕捉时尚都市街头流行趋势的机会。同时也是一个进行初期市场调研的不错方式，从而通过每季的系列购买向零售商介绍新的品牌。

图2-19、图2-20　环球购物之旅

买手偶尔会有机会去探寻海外市场，走访一些有前景且有吸引力的市场，从而找寻新的品牌以及时尚产品的设计灵感。比如日本的康道区（图2-19），或者土耳其的以弗所贸易市场（图2-20）。

时装周、商品交易展览会等活动每半年举行一次，届时服装设计师，具有较成熟品牌的纤维、纱线和面料制造商，以及服装生产商等能够向国际买手展示他们新一季的产品系列。时装周和商品展览交易会通常在每年的一月至三月以及九月至十一月进行，分别展示秋冬季和春夏季的新品系列。

图2-21　国际时装秀

买手参加了由设计师迪翁·李（Dion Lee）为品牌大卫·琼斯（David Jones）开发的2013秋冬系列展示活动。小型零售商的买手通常会紧跟行业巨头的步伐，以确保自己的产品与总体时尚没有太大的偏差。

纤维、纱线和面料展销会

纤维、纱线和面料展销会总是在每季打头阵，甚至少先于时装季一年。自主品牌的买手可能会比大品牌的买手更倾向于这类交易会。

意大利佛罗伦萨和巴黎的国际纱线博览都是重要的纱线展会。而织物面料方面的重要展会，则属巴黎的第一视觉面料展、法国里尔的第一面料展、意大利米兰的纺织展以及上海的国际面料展览会。中国和印度的展会无疑将在未来十年逐渐凸显出其重要性。

国际时装周

影响国际时尚主流的是来自巴黎的女装周和米兰的男装周。其次比较重要的，则是在纽约、东京以及伦敦举行的国际时装周，尽管对于哪个更有影响力一直争论不断。现在许多城市也开始逐年举办时装周。

时装周通常在某个城市的各色知名场所里举办，集众多秀场展示和静态展览为一体。它们吸引一些小众独立时尚品牌或者是精品店的买手，同时也吸引着不同圈子里的时尚达人、博客作者及行业名人，其中也包括国际时尚媒体。大型零售企业负责品牌及设计系列的买手也会参加，自主品牌的买手偶尔也会出现。

"对于时尚界而言，这是一个全新的时代——因为它毫无规则。个人独立的风格可以任意绽放，身着高端的、低调的、经典的服饰者以及未来的设计师们都可以集聚一堂。"

——亚历山大·麦克奎恩（Alexander McQueen）

国际成衣商品交易会

　　成衣交易会一年举办两次，通常在大型或是专业的展览馆举行，以静态的展台展示为主，辅以一些现场的模特展示。

　　展会通常举办四至五天，会吸引大量观众以及各大企业集团和小型独立公司的买手。

　　国际成衣展会主要有法国巴黎的高级女装成衣展会，德国杜塞尔多夫的国际时装展览，美国拉斯维加斯的"麦吉克"展会，日本东京的国际鞋类博览会，意大利佛罗伦萨的男装展，童装展和针织服装展，以及伦敦的服装服饰展览会。

　　一些秀场主要针对某一类产品进行展示，例如无性差的中性时尚，或者仅针对童装的展示。然而有些商家则主要是为了吸引更年轻、更前卫的买手。这些秀场展示的目的是一些公司为了吸引更多的本土制造商，但它同时也吸引了世界各地的品牌制造商及买手。

　　小型企业会在这些展示会之后下一批订单，然而来自大规模独立品牌企业的买手则会先进行调研，然后可能会与无自主品牌的制造商下一些订单。值得注意的是，世界级的一些大型加工厂很少为自主品牌做加工，并且也不会出现在这种类型的展会上。

图2-21

1 北美地区

梅赛德斯—奔驰 纽约时装周
纽约州，纽约市

纽约婚纱时装周
纽约州，纽约市

洛杉矶时装周
加利福尼亚州，洛杉矶市

全球万事达时装周
安大略省，多伦多市

梅赛德斯—奔驰 墨西哥时装周
墨西哥，墨西哥城

2 欧洲地区

米兰男装周
意大利，米兰

伦理时装秀
德国，柏林

伦敦时装周
英国，伦敦

巴塞罗那婚纱时装周
西班牙，巴塞罗那

斯德哥尔摩时装周
瑞典，斯德哥尔摩

3 亚洲地区

香港时装周
中国，香港

印度威尔斯风尚时装周
印度，新德里

梅赛德斯—奔驰 东京时装周
日本，东京

首尔时装周
韩国，首尔

上海时装周
中国，上海

4 南美地区

里约热内卢时装周
巴西，里约热内卢

哥伦比亚时装周
哥伦比亚，麦德林

特立尼达和多巴哥时装周
特立尼达和多巴哥共和国，西班牙港

里约时装展
巴西，里约热内卢

布宜诺斯艾利斯时装周
阿根廷，布宜诺斯艾利斯

1

4

3

5

图2-22　全球时尚活动分布

在全球各个不同的区域里，每一年的时尚日历中都有一些重要的活动事件发生。买手需要熟知并参与到这些活动事件中，特别是那些对买手工作有益处的活动。

6

5　非洲地区

南非时尚设计展
南非，开普敦

梅赛德斯—奔驰时装周
南非，约翰内斯堡

突尼斯时装周
突尼斯，迦太基城

迪拜时装展
阿拉伯联合酋长国，迪拜

非洲中心时装周
埃塞俄比亚，亚的斯亚贝巴

6　南太平洋地区

墨尔本欧莱雅时装周
澳大利亚，墨尔本

达尼丁时装周
新西兰，达尼丁

菲律宾时装周
菲律宾，帕塞

悉尼罗斯蒙特时装展
澳大利亚，悉尼

男装时装周
新加坡

图2-22

案例分析：Promostyl

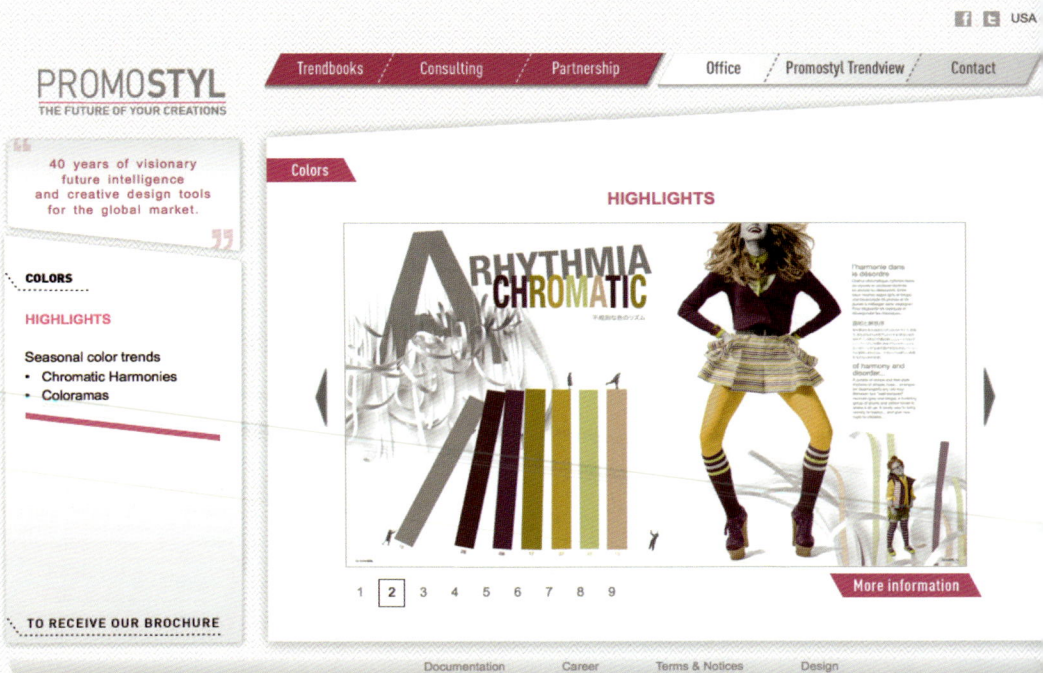

图2-23

　　对于零售商而言，流行预测是一项至关重要的投入，零售商可以通过预测信息来准确了解其目标客户当前正在关注的内容，并展望未来。流行预测虽然是一笔巨大的投资，但同时也是一笔相当有潜力的巨额回报资产。尽管当下有不少的流行预测机构，而Promostyle早在20世纪的60年代，就成为第一代为时尚企业提供有关服装服饰、美容化妆、设计应用等信息，并有着主流趋势引领风范的流行预测机构。如今，Promostyl在全世界已经有三十多家代理机构，其在纽约、巴黎以及东京都设有总办事处。

LINGERIE TRENDBOOK /// WINTER 13/14

THEME 1 : ENFANCES

The recreational world of childhood is expressed in colorblocks, games and inventories... for a fanciful yet structured lingerie.

PROMO**STYL**

PREVIEW /// LINGERIE 图2-24

Promostyl通过时装造型元素中的色彩、廓型、印花图案等载体，将时尚生活态度、情感以及文化驱动等流行信息进行充分地演绎。通过洞察与分析、访谈与整合等多种方式，预测者能够在时尚设计方面总结出与当下流行脚步非常吻合并具有一定超前性的预测信息。这些信息资料有助于零售商，特别是买手能够目标明确地打造出适合自己策划定位的那群消费者的时尚产品。

图2-23、图2-24 时尚先锋预言者

Promostyl通过它在全球各地的国际办事处以及其官方网站，提供有关时尚方面的趋势预测以及资讯服务。

creation

omostyl is a client-oriented agency that helps deliver sales results through our personalized tailor-made projects.

OUR METHOD　　**OUR EXPERTISE**　　**OUR CLIENTS**

&Pastels
Naturels

PASTELS & NATURALS

图2-25、图2-26　趋势传递

Promostyl的客户可以通过多种方式来使用其所提供的信息，从网络的灵感趋势指南，到一些机动多变的资源组合包，通过这些信息，客户可以打造出独一无二的系列设计。Promostyl的每一种服务方式里，都提供专业而详实的研究信息，这些无疑成为买手规划其未来产品系列的左膀右臂。

PROMOSTYL & PRINTSOURCE
Style Guide Spring /Summer 2012

POLYCHROMY

POLYCHROMY:
We awaken the senses with a techno-edge theme focused on the postive energy of light and color. An emphasis on electric and glitter effects boost the basics and infuse new life into casualwear. The palette is made up of bright tones that are offset by intense neutrals to form lyrical and dissonant harmonies. The print direction takes classic prints and infuses them with saturated colors and overlapping 3D effects.

图2-26

专访：马修·杰伊特（Matthew Jeatt）

马修目前是Promostyl位于英国伦敦的一位设计总监。他在大学里学习的是音乐专业，之后他凭借敏锐的眼光成为了很多知名乐队及歌手巡演的项目经理，如杜兰杜兰乐队（Duran Duran）；摇滚歌手密特·劳弗（Meat Loaf）；著名歌手格拉迪斯·莱特（Gladys Knight）；以及斯坦·盖茨（Stan Getz）等。后来他进入了时尚产业。尽管他声称自己不是一个创意设计者，但由于他在音乐与时尚等方面积累的丰富经验以及其极富灵性、细致入微的观察与思考，使得他成为这一行业中令人尊敬的专业预测家。他拥有非常独到的眼光、思考和预测的能力，并且能很好地诠释当前的文化潮流以及未来时尚发展的趋势。

问 为什么Promostyl能够成为全球知名的流行预测家？它成功的原因是什么？

答 我们秉着非常诚挚的风范做好每一件事情，我们保留一贯强有力的观点来完成每一件事情，而不是像一些网络上的流行预测那样，发几篇流行报告即可。

问 目前，有很多时尚零售商以及品牌商使用趋势预测吗？如果是这样的话，为什么？

答 大多数时装公司拥有自己流行预测的相关部门以及专业人员。很多公司都有这方面的认知，只是尺度和范畴略有不同。对商业运作而言，预测是非常重要的手段，它可以带来很多的思考。

问 对于时尚购买以及时尚买手而言，趋势预测对他们有什么样的影响呢？

答 买手们往往希望通过销售记录来发现过往一些成功且成熟的系列设计，并进行再设计；而设计师往往希望开发一些全新的系列。我们可以帮助买手着重分析与认知从上一季到下一季诸如颜色等流行元素的变化，他们自己也感觉受益匪浅。

问 您认为买手在使用趋势预测时能够合理地运用这些资讯吗? 对此您有何建议呢?

答 我们所提供的时尚信息不仅仅是针对买手的,例如我们发布的信息里有关于时尚造型裁剪类的预测内容,买手可以结合服装的整体风格以及色彩等要素来合理地消化有关裁剪方面的信息指南,并对其既定的潮流季节设计做好铺垫。

问 网络在线是如何影响趋势预测的,预测师对此是如何反响的?

答 "在线"这个词汇本身并没有什么意义,但它有两种使用方式:一种是简单的"你好,我们在这里"的意思。另一种是发挥它的一些功能和作用,例如提供信息和售卖产品等。一些预测师只向客户提供流行手册,而还有一些则是利用网络提供比较全方位的内容,当然也有两者兼顾的。

问 快时尚零售商是否也使用趋势预测资讯呢? 如果是的话,他们怎样使用呢?

答 是的,他们确实也会用。他们在使用时,作为其自身的节奏与我们给予的信息节奏还是有些不一样的。通常,快时尚公司会购买由我们预测的最遥远的流行趋势信息资料(未来24个月),并以此为参考来寻找他们在未来12个月内可以使用的流行元素,也就是说他们压缩了正常的运作周期。

问 这些基于季节性的流行预测在时间结点等方面是否有变化,例如,预测周期是变短还是变长?

答 除了快时尚外,一般的变化不会太大。通常,我们会提前18至24个月,展开从设计策划、生产管理到产品应用等环节的信息周期服务。如今,一些客户也效仿快时尚的节奏提出新要求。作为Promostyl而言,我们会给客户提供短期、中期以及长期等不同节奏的周期服务。

"从本质上来说,流行趋势预测就是要在公众采取行动之前,去认知当前少数流行先锋在做什么,去理解并驾驭它。"

第二章总结

这一章主要讨论了买手在开发新系列产品时需要参考的来自不同领域的时尚流行预测信息。互联网技术促使流行预测信息服务越来越快速发展，也使得设计理念以及相关图例解析在全球范围内迅速地传播。当然，预测并不是变魔术，不能确保展开的设计系列万无一失地成为最畅销的产品。最终还需要买手通过辛勤的付出，掌握足够的知识与技能，把多种渠道获得的信息解析及再现成有效的产品。好的买手需要具备夯实的洞察力，以及对周边事物敏锐的观察力。

问题及讨论要点

成为一名出色的买手，需要在视觉语言及色彩认知等方面有较高的造诣。买手平时要研究分析面料小样、时装成品及其系列设计等，并在此基础上展开自己的工作，从局部到整体、从细节到全貌，需要有独到而犀利的眼光。因此，想要成为一名成功的买手，首先是要有强有力的观察能力。

1. 国际间的买手市场，存在着一些相似以及不同之处。基于你所在的国家及地区，来看看这些差别以及相似之处有哪些。请详细罗列相关内容并注解其产生的原因。

2. 请思考一下普里马克（Primark）和普拉达（Prada）效应，区分奢侈品市场和中低端市场中时尚趋势的变化与不同。什么是流行趋势？它从哪一个市场衍生而来？为什么是此结论，以及原因有哪些？

3. 买手需要对来自社会不同层级的趋势信息有所关注。那么，对于买手们的工作而言，到底与哪一层级有关的信息反馈能够与过去的、现在的以及将来的时尚潮流联系起来考虑呢？在趋势研究与预测时，请提供较详尽的层级内容。

练习

1. 邀请你的朋友们一起去你最喜欢的时装店。在店里找一类你比较喜欢的商品系列，花费少于10分钟的时间来浏览一下，然后离店。之后，请记录你所看过的内容，看看你能够回想起多少信息，例如，你能记起的尺寸号型、特殊处理的设计、材料、品牌名称、色彩以及系列中主打品类的款式特点。

2. 在你去工作或上学的路上，尽可能多地观察路人的着装细节。然后梳理一下你能回忆起的色彩、材料、廓型、配饰等，以及为什么你会回想起这些内容？它们有哪些与众不同的独辟蹊径的设计？它们吻合了当前流行趋势中哪一年龄层次或社会阶层的潮流定位？请写一份报告，描述引起你回想的那些人以及那些潮流风格的原因。

3. 请梳理一下在过去的几周当中遇到过的时尚达人。与这些"达人"的偶遇，是通过时尚新媒体的传播，还是外出购物或与朋友见面时偶遇的？描写任何你能够回想起的境况或形式。

4. 请在游历当地的市场潮流街区后，写一篇简短的内容为"本季主要流行元素如造型、色彩、面料……"的文章。采用素描及速写、面料小样、杂志剪切拼贴画等多种方式来充实文章信息。

5. 运用手头上的一些旧杂志和报纸（不再需要的），采用剪切的方式拼贴出本季时尚的主要风格。同时，制作一份你个人所理解的潮流演示板，并通过关键色彩的展示演绎出本季商品的三种主要趋势。在书面或展示板上整理好这些信息，并试着和你的朋友畅谈交流以上内容。这样的训练有助于买手加强实战演练，特别是要借助于潮流趋势和情绪板等来完成工作的时候。

图3-1

第三章

供应商、采购及交流

在这一章中，我们将讨论买手和供应商之间的重点关系，并探讨在如今全球供应结构化多变的形势下，买手如何与供应商和谐共赢。本章将讲述买手在商品管理中的卓识之见，内容包括商品企划的制订，以及如何一步步完成产品系列开发。除此之外，本章还讨论如何选择具备可持续发展的从业态度的供应商。

另外，本章探讨了买手这一职业，作为整个活动中具有中流砥柱交流支撑作用的角色，如何将集团内部多个部门与外部机构等资源联合起来，共同发力为企业创造财富。最后，本章探讨纺织技术的发展，这也是买手工作中需要重点关注并了解的内容。

图3-1 2010秋冬系列

由乔治·阿玛尼设计的
阿玛尼高级成衣系列，
其灵感来源于装饰艺术
的线条及造型。

什么是供应链

供应链是指由公司制造并提供给消费者一系列商品和服务时所经历的组织结构的整体。从制造商到零售商，这条供应链系统的长度及复杂性的变化，是根据市场级别与产品结构的变化而产生的。当面料与服装制造商从西方发达国家逐渐迁徙到亚太地区等东方发展中国家时，订货至交货的时间也被拉长了。基于面料的种类样式与服装的结构设计等原因，交货间隔期从三周到六个月不等（有时会更长）。

时尚供应链包含了许多不同个体之间的联袂合作，然而这些部门和组织并不是直接由时尚买手控制的。一般而言，时尚零售商不可能拥有整个零售供应系统，但会和供应链中的每一个成员保持策略性的商业合作。

供应链中的买手作用

在整个时尚产业中，即便是那些自己选择雇用设计团队的公司，其买手也要做出最终决定，以确定产品开发是否符合整体商品企划的大方向。时尚买手的工作是挑选最有可能畅销的产品，在商业企划制订的上市时间期限里以一个既定的价格提供给企业的目标客户群。企业中的很多工作人员、职能部门以及有关组织的工作都会受买手最终选择的影响，这显示出其工作职责不可思议的高度责任性。当然，有能力得到这个机会的买手，对这项工作所做出的努力与贡献也是非常值得尊敬的。

零售供应渠道

生产制造商

生产制造商从纤维到纱线织造，从产品生产到与批发商的合作等工作，都需要和买手就具体货品的制造细节进行经常性的沟通，才能使整体流程得以顺利进行。

批发商

批发商大量批发货物，之后再出售或分发给零售商。批量越大，折扣率也越大。

买手的一些决定会给整个供应链产生重要的影响。从面料和服装生产商迅速采购材料并制订生产计划，到零售商的部门团队为店铺制订产品分类营销及促销策略，不论处于零售供应链中的哪个位置，买手都对其产生重要作用。

图3-2　每一个供应商都有其扮演的角色（有时是多重的），他们都希望能为消费者提供好的商品和服务，即使他们的消费者是批发商和零售商。

时尚供应链

大多数零售商在面对消费者时，需要独立完成分发与销售的工作。来自西班牙Inditex公司的情况就比较特别，这家公司拥有当下非常知名的服装品牌Zara，以及Zara Home、Pull & Bear、Massimo Dutti、Stradivarius、Oysho、Uterque以及Tempe等品牌。这家公司直接拥有大部分纺织品和服装生产供应链的主导权。而有些时尚零售商，例如Arcadia集团，其名下有Topshop、Dorothy perkin、Miss Selfrige以及Evants等品牌，其在很多年前就已经失去了自主制造权。

一些公司在进行业务服务整合时，其供应链渠道的拓展也呈现多元化特征。在此过程中，往往有如下三种类型的整合：

1. 垂直整合——当一个公司在供应链中需要完成并参与多个任务和活动时。

2. 前置整合——当生产制造需要完成批发与零售等货品的生产任务时。

3. 后置整合——当零售商同时经营批发或者生产制造的业务时。

零售商　　　　　　　　　　消费者

零售商将货品分发到消费者面前。店面里的产品陈列工作由买手完成。

图3-2

买手和供应商的关系

对国际时尚买手来说，需要面对的是成千上万的供应商和品牌，因此选择最正确的供应商要比选择最好卖的时尚产品更重要。对于一个职业的时尚买手来说，拥有一个良好供应基础和坚实供应关系的合作商家是必不可少的。

选择供应商

在时尚行业中，以期达到一个完美的供需平衡是非常不易的。因此时尚买手在与供应商合作时要留有足够的余地，特别是当需要引进新产品系列的时候。

过去，买手与供应商引入或终止合作关系不会受到管理部门太多的干涉与介入，但是在时尚产业这个大的竞争环境中，拥有恰到好处的供应基础是非常重要的，当然，互相信任的关系也需要花费较长的时间来培养。

这也是为什么一个新的供应商一般都会被要求通过一系列正式的审查过程，以确保他们的产品质量标准能够达到国际国内等市场要求以及公司其特定的质量保障要求等。供应商的信誉等级同时也会被经常调查，只有在各个方面的指标都被检查和确认过后，才可以成为一个合格的供应商。

与当地的供应商代表合作

尽管在外地有相协调的生产加工工厂，但大部分供应商都会在本地雇用一个当地的代表与买手或其他购买团队成员保持联络。这对于那些坐落在世界各地的制造商来说是非常重要的。这个代表同时也起到在供应商和零售商之间的沟通作用，以缓解两者之间发生的矛盾。

图3-3　与供应商会谈

选择好的供应商，与挑选出下一季畅销时尚商品系列一样重要。这样的会谈能够保证最终的商品质量达到零售商及消费者的要求。

图3-3

互联网的到来使得买手与供应商之间的交流有了全面的革新，实现了数据、信息和图片之间的快速交流，也包括国际间电话会议的沟通等。有些买手办公室用高清晰度视频显示仪（HDTV）来联系重点制造厂家，因此再微小的产品细节问题也可以马上展开讨论并得以修改，这使双方沟通变得更加快捷且有效。

买手和供应商之间这样的无缝连接确保了产品拥有更好的质量保证，使得供应商可以直接和零售商讨论紧急的问题。快速反应可以给制造商与零售商在生产成本中节省很多的资金，这些如果没有技术的支持以及与某一领域代表的合作，都是很难实现的。

会见供应商

采购办事处的接待室是一个非常忙的地方，不断来往变化的供应商和员工之间就产品和信息方面的交流与争论从未停止过。供应商不断地在前台投放样品，并将一系列工作交给年轻的采办助理来完成。因为要不断修改和调整样品，所以给供应商展示服装的场景似乎永无止境。

此外，还有一些内容，例如产品的特性、供应商的类型以及一些具体的问题等需要通过会谈逐一沟通。相比一些糟糕的供应商，良好的供应商更趋向于采用便捷的沟通与会议。

买手和供应商是如何一起工作的

有经验的时尚买手其感知是，尽管他们需要持续接触有潜力的新货源，但好的供应商永远不会因为货源供应不足而让他们失望。与任何一家供应商的成功合作都需要建立在一段坚实而有效的合作关系之上。

尽管买手和供应商经常在一起工作，但最好的维持状态是良好的工作接触，而不要发展任何类型的私人关系。因为当面临工作压力逐步提升时，少一些感情投入的工作关系更能做出比较理性的商业决断。

图3-4

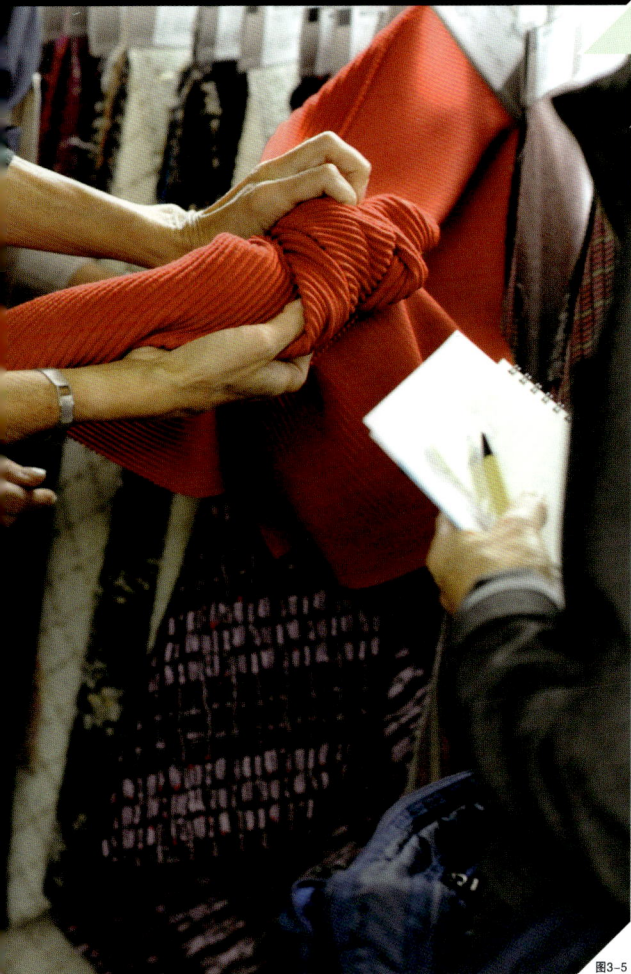

图3-5

找寻供应商代表的标准

没有永远完美无缺的关系，正如同个人间的关系一样，商业上的关系也是随着时间的推移变幻莫测。然而，时尚买手可以借助以下的标准来寻觅优质的供应合作伙伴：

- 有能力进行有效的执行与管理。
- 良好的书写沟通、视觉传达及电子交流等多方面能力。
- 针对时尚产品线、系列及品类开发具有创造性的思考与解析能力。
- 在强压下能够保持冷静的良好性情。
- 保密性好。在商业往来中，对于比较敏感的话题与内容有职业操守。
- 良好的专业技能以及解决问题的能力。
- 在处理数据、价格等与商业往来有关的问题时，要具备诚恳的态度。
- 言出必行的好品质。

在一些商业往来中，时尚买手有义务揭露由供应商提供的礼物或者其他娱乐消费等，这样是为了确保其商业决策是基于客观理性的判断而不带有任何形式贿赂的因素。退休卸任的买手要确保，一旦他们不再管理每年的采办预算，这些工作能和之前一样继续进行，且与零售部门依旧维持良好的关系。大多数的零售商不允许买手接受供应商的礼物，并试图阻止他们向诱惑屈服，以确保其采购的产品能让公司最大程度地获利。

图3-4、图3-5　与供应商一起工作

买手与供应商发展坚实而有效的商业合作关系，并保持诚恳的工作作风，才能互赢。

管理供应基础

买手通过不断与有远见的新供应商接触而调整自己的战略。这些也是制造商、品牌拥有者以及代理商都希望开展的领域。大多数为综合能力强的时尚公司工作的买手，如果没有充分的理由是不会被全权委托引进供应商的。买手需要不断会见并检视有潜力的新供应商，尽管有些时候买手并不马上需要那么多的供应商和供应资源，但对于买手而言，对非正式的市场调研是非常重要的一部分工作。

买手通过各种资源及方式引起另一个买手的注意：

- 通过第三方的口头推荐，特别是同行业的买手或采购经理。
- 通过新的供应商直接接近。
- 通过行业性的杂志或者文章。
- 通过管理建议。
- 通过外国大使馆的贸易接触。
- 通过互联网网络。
- 通过参加国外的贸易展览。

定性表现标准

在新一季的产品企划过程中，买手会检视供应商在商业往来中的交易能力，在此将表现标准做一下梳理并呈现如下：

- 高级别的时尚创新与设计投资能力，意味着有更好的客户关注度，从而通过畅销产品获取更好的利益。
- 整个贸易操控的综合效率。出色的销售和设计人员会产生高效的合作与交流，以及潜在的高利润收益。
- 遵守买手职业机构和国际法律体系建立的贸易往来交易规则，如果不能做到的话，会导致负面的公众反响，同时损失潜在的客户利益。
- 生产制造商的质量及标准和买手组织建立的相关准则较为接近时，产品失败率会降到最低。

定量表现标准

- 供应商交付的库存总量与全价售出的产品百分比（需要大幅度降价的供应商的货品，对公司来说意味着更少的利润）。
- 低质及残次货品的遣返数量导致低销售额与低利润的问题并存。
- 许多贸易交付都不能按期完成，意味着错过了销售季节而损失利润。
- 那些在季末没有卖掉的库存，由于要经历将来的降价处理而导致一定的损失。
- 快销市场——新的时尚趋势的快速传送，在顾客获得最新的着装之际获取高额利润。

监控供应商的绩效

买手与供应商之间的良好关系可以持续很多年，但有时也许只会是一季的时间。如果供应商提供的产品在市场上失败了，那么没有一个供应商可以被保证有进一步的贸易往来。商品销售的报告系统里采用较为复杂的排列和加权计算等，从而对有问题的供应商加以标注。

一直以来，买手和他们的高级管理者会期待新的、有良好合作可能性的供应商出现，从而终止与以前绩效较差的供应商的合作。被推荐的这些新供应商，需要历经一个官方的批准过程，才能成为主流供应商。

买手在面临不断增加的管理工作的压力下减少供应商的数量，他们这么做是因为：

- 从更少的供应商那里购买更多的产品以实现规模经济。
- 使商业管理更加简单。
- 提高买手的时间管理效率。
- 使采购决策变得更简单。

买手在面临不断增加的管理压力下减少供应商的数量，是因为希望实现采购上的规模经济和更加简化的管理过程。

采购相关问题

买手需要了解全球制造业变动的最新情况。专门从事采购活动部门数量的增长，以及与时尚买手合作的专家的出现，应该是在第二次世界大战结束之后，随着服装和纺织品产业所发生的巨大变革而开始的。

在过去的二十多年里，许多发达国家的时装价格都有实质性降低，以至于顾客可以低价购买服装。时尚买手把利润空间作为目标并尝试着为他们的谈判争取最好的利润。然而，一味追求低价是非常危险的，并且可能导致开发出平庸的时尚产品。

制造廉价的服装

迄今为止，技术一直无法替代手工缝纫的技巧。由于大工业生产技术的规模化使用，服装制造业也不可避免地向廉价的生产地区和国家转移。然而，生产廉价服装和生产快时尚产品的国家可能会产生严重的环境问题，这也有其不利之处。

积极影响
- 提高并获得有效的运输与物流。
- 有利于零售方面降低开支。
- 减少中间商等环节，加强从生产到零售的直接管理。
- 随着西方消费者变得更加富有，对时尚的需求也不断增长。

时装价格下降=

消极影响
- 廉价服装更容易产生时尚垃圾。
- 一些中端的零售市场被迫停业，失业以及利润空间降低等问题出现。
- 廉价产品使得消费者的着装生活水准不断降低。

图3-6

经济史告诉我们，随着生产者生活水平的提高，那些以廉价劳动力为输出的国家最终都会变得劳动成本越发昂贵。甚至有证据表明，在相对廉价的市场，比如在印度，"寻找低价"变成了一场比赛。竞相将生产地转移到更为便宜低价的国家和地区，成为一种制造商减少经费开支的方式。

全球采购

全球的每一个地区都提供了生产高质量、低成本的时尚产品的潜在机会。目前零售商需要面临诸多问题，例如按照国际劳工法行事，以及竞争性强的工人工资问题等，在与海外供应商采购之前，这些都是需要提前调查的问题。

亚洲

中国、印度、斯里兰卡和孟加拉国，是目前生产发展最快也是最主要的服装生产区域，而柬埔寨、泰国、越南是另外的一些正在发展的地区。这些国家及地区的服装制造业在发展之际，往往会导致很多临近国家的移民涌入，同时又产生更多的廉价劳工。

西欧

纺织品制造业在西欧发展的压力主要是高昂的劳动成本，特别是在英国、法国、德国、比利时、荷兰、葡萄牙还有意大利。这些国家的时尚产业，通常是高质量、高设计、高价值、高技术的。除此之外还有另外一种形式，如简单而迅捷的快时尚产品。通常，在欧洲的低端生产会使用非法的移民劳工。

东欧

土耳其是一个重要的服装生产区域，其他东欧国家，如塞浦路斯、匈牙利、保加利亚和罗马尼亚也是服装制造集散地。此外，这些国家也遭受着来自亚洲更便宜产品的价格竞争。

非洲和中东

非洲大陆可能是未来最有发展潜力的地区。南非是非洲最大的地区制造业代表，而制造业同时也在北非一些国家有所发展，尤其是在阿尔及利亚、摩洛哥和突尼斯。非洲极有可能成为最大的服装生产区域，那里存在着大量的失业人员，这些也是潜在的低价劳工。一些专业的服装生产集团在中东进行服装制造业的运作，比如叙利亚、埃及和以色列，但这些地区都将面临来自中国的价格竞争。

美国

北美曾经拥有大型的纺织和服装生产工业基地，其最早萌芽于南部各州的棉花生产地，但如同欧洲一样面临一些问题而停滞发展。后来，在与墨西哥的跨国边境交接地带出现了大规模蓬勃发展的服装生产制造业，现在仍然是重要的兴盛区域。

图3-6　时装的价格

当零售商努力为消费者打造低价的时尚货品时，他们也感受到了这种方式所带来的负面影响。

图3-7　全球采购

目前服装制造业逐渐转移到具有廉价生产劳动力的国家及地区。然而，为发达国家生产的这些快时尚产品系列，给这些负责生产的国家及地区带来了潜在的社会与环境污染问题。

图3-7

拓展产品类别和选择产品线

买手永远需要考虑如何针对未来的季节性购买出现的问题，同时思考并提出远远领先于现行采购环节中所对应的颜色、款式和品牌报价等方案。买手在走访国外一些商店时，会将自己最初的想法转变成第一批样品来运行，或者直接购买样品。跟单员将事先与买手一起商议并决定需要满足下一季购买计划的每一个产品类别，包括产品线所对应的颜色和规格。

选择产品类别

购买操作过程中第一个关键要解决的问题是决定哪些产品类别需要进行拓展，哪些需要最先敲定。显然，那些需要较长交货时间的产品（比如针织品），比生产过程更简单的快速的产品（比如棉质上衣）要更早地进行考虑。

一般情况下，买手会在产品类型预测阶段或是商品规划阶段来决定即将开发的新一季产品中，哪些是有时尚感且具上升潜力的一类货品？哪些是与之正好相反的一类？买手和设计师会根据流行趋势预测服务机构提供的信息，共同商议出适合自己产品走向的方案。然而，很多事情需要辩证地来看，不是所有的判断都是有保证的。在一些购买预测中，需要有经验的买手发挥其综合分析信息的能力，来打造出恰到好处的产品类别。

图3-8

选择产品线

选择产品类别之后是选择构成每一个产品品类具体的产品线。首先，买手应考虑的是与大商店相比，小商店里的产品线会是什么样的。小店里的产品系列似乎总是难以抉择，因为其规模小且选择量不大，除此之外还要满足更多客户的需求，所以此时的工作必须仔细斟酌。

买手总是会积累很多产品线中可用的样品用于及时分发反馈到店里，并不断地筛选直到做出最后的选择。最终的抉择是由团队作为一个整体来承担的，其中包括买手助理等。因此，买手和跟单员之间讨论和研究的过程在整个流程中是至关重要的。从这时起，买手就要开始观察且着手考虑被用于最终选择制订产品线中的纤维、纱线和织物等方案。

图3-8 2010-11秋冬系列

杜嘉班纳（Dolce & Gabbana）男装成衣系列中的此款，其设计灵感源于一件普通的工装背心，这是典型的运用基本裁剪完成并且快速交货的棉质上衣类货品。

选择合适的供应商开发产品线

虽然面料和服装的成本价格是所有时尚购买中的一个重要考虑因素，但在谈判中最便宜的价格永远不是最重要的目标。买手在选择供应商时，还会参考其他方面的标准。

产品质量

供应商（制造商或品牌商）将提供符合企业质量标准的产品——它耐穿吗？耐洗吗？耐用吗？没有买手愿意遭遇客户退回货品的场景。

产品交付

供应商能否及时生产出所需产品，并按照既定的销售计划及时派送产品。

产品时尚水准

供应商能否有效地保证产品所需的时尚度，品牌能否正确地理解时尚，供应商的创新能力是非常重要的。

通信效率

供应商是否能与买手和他们的关键支持团队保持定期沟通。

兼容并蓄

供应商代表是否相处融洽，并能够与买手长期和谐共事。

管理生产道德规范

供应商是否道德规范地管理自己的资源采购和生产制造。例如，根据联合国儿童基金会制订的制度要求，要年满16岁才能在工厂工作。

面料的选购

大多数的时装采购活动都是从色彩、面料和流行趋势开始的。在第二章中，我们研究了流行趋势的预测在购买决策中的作用，一旦系列服装的款式和风格被确定后，接下来面料的选配通常会是首先被列入采购清单的一项内容。在选择面料时，买手要对想要创作的成衣系列和可供其选择的各种面料之间的关系做出详细的思考和计划。

纤维类型

服装面料是由来自动物或植物的天然纤维（如羊毛和棉），或是由矿物质或是由基础化学物质等合成的人造纤维（如腈纶和涤纶）组成。一般情况下，合成的化学纤维和天然纤维能够共同编织出一种外观更美、手感更佳、功能更好的新面料。

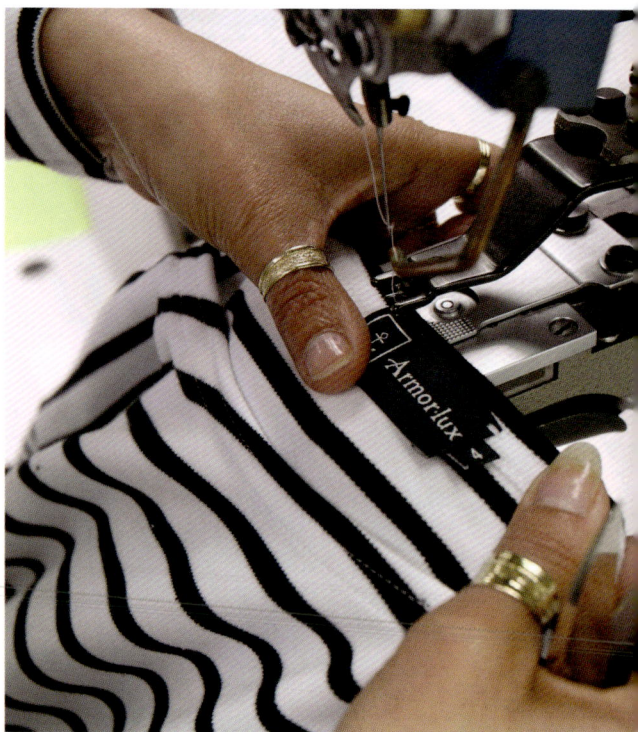

织物的基本组织结构

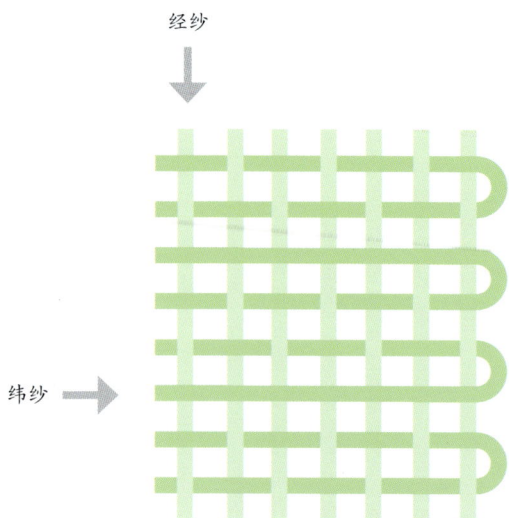

经纱

纬纱

机织物的基本组织结构

非织造布的基本组织结构

面料类型

这里要探讨的面料织物类型主要有两种，即针织织物和机织织物，下面有更详细的讨论。

针织物、机织物以及非织造布

针织面料通常是由纱线构成线圈相互串套在一起，这些纱圈形成了水平方向和垂直方向的连接。而另一种针织物是两种纱线交叉在一起进行编织，随着经纬纱的编织不断加长、覆盖及交叉，这种机织物面料也就生成了。

非织造布通常用于服装的内衬材料上，一般由黏合类纤维打造。织物的染色可以是在纱线阶段或者是织物完成时进行，甚至是在服装阶段运用"匹染"等技术进行染色。一些时候，织物在坯布阶段还保留天然未染色的效果，这就可以给买手留出一些时间来决定与当季潮流最吻合的色彩方案。

图3-9

也许没有一个时尚买手能够很清楚的知道织物中的纱线纤维是怎么回事，然而他们中的大多数对纺织品科学有一定的研究。这是因为在购买时，他们不得不对织物面料的持久性以及服装所使用的纱线等材料做一些了解，以便做出最后的决策。

面料印染

印染的规格尺寸、颜色、类型都可以根据设计任意搭配，时下印染可以被作为一种主要的时尚因素来把控流行，并呈现在系列产品设计中。印染尺寸的大小、图案结构变化、花型重复的次数等对服装的成本有着较大影响。因此，在机械生产和裁切过程中，大尺寸的印染花型面料会耗费更多的成本，考虑到时尚流行趋势的多变性，买手会尽可能寻找独特的印染图案以期提高服装产品的竞争力。

图3-10

图3-9 手工制作与机器生产

在生产的过程中如何处理面料，其手法可谓五花八门。工艺师手工打造的工序不太可能被机器人或机器完全取代。

图3-10 三种基本类型的织物

买手需要时刻留意新型纱线和面料的发展，这对他们完成后面的工作很有帮助。在纺织材料方面，技术的提高对产品的革新可谓功不可没。

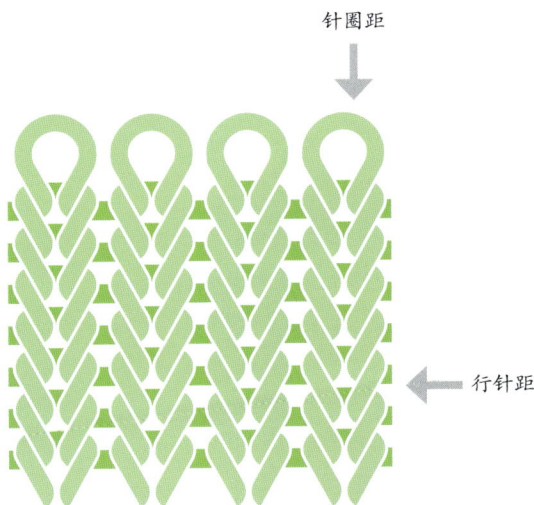

针圈距

行针距

纬编针织织物的基本组织结构

面料交货时间和时尚购买周期

通常，面料生产商会提前12个月用最短的时间在结构、图案和外观等方面对新面料进行开发，以适应新一季服装产品的系列设计。因此，如果不是在一些颇具规模的企业工作的时尚买手，就需要常备一些之前服装所使用过的面料。面料中特殊的色彩和图案设计通常在购买季前的6个月出炉。

外出采购

自有品牌的面料采购者，通常一年会有两次机会去进行采购，并寻找那些在重点生产领域可以合作的现有及潜在的供应商。这些出行通常会持续两周的时间，买手往往都是和管理人员一起出差，但他们的目标不同，拜访的供货商也不一样。

买手是为了解决新产品的样品、供销计划、产品本身以及相关运输等问题而展开的工作，同时也在寻找新的产品线、供货商以及合作品牌。除此之外，一些买手也会探访国外某些有趣的购物区，去尝试着发现其他新颖的产品设计，并将其与时尚设计相结合。

国外出差往往被认为是一项工作福利，虽说事实如此，但这是一种与其工作强度水平相当的补贴（买手经常一天要参加多达6个会议）。越来越多来自发达国家（一些以家庭为基础的制造业在减少的国家）的买手需要不远万里去位于全球各地的制造商那里进行了解，例如在印度、孟加拉国、土耳其和远东地区（尤其是中国）的制造商。

通常，来自偏远工厂的供应商会与买手集中在采购办公室见面，以帮助买手最大化地提高他们的工作效率。有时，采购者也会为了生产计划的良好制订而加入这些行程。

图3-11

图3-11　面料采购

许多制造商都会提前设计好面料，并且制造成产品样品以供买手选择，用以准备投产。

服装生产供应链

1 纤维制造

2 纱线生产（第一阶段染色）

3 针织、机织织物（第二阶段染色）

国外

4 服装产品生产制造

5 运输代理

6 利用航空、海运、公路、铁路
或同时采用以上几种方式进行运输

传统零售方式　　网络销售方式

7 抵达零售商的物流中心

8 陆路运输并进行商品分流管理

国内

9 到达时尚零售店

10 消费者

图3-12　服装生产供应链

这张图表中描述了传统的零售销售和网络销售的供应链，展示了将服装产品从生产制造商那里最终送至消费者手中的全过程。

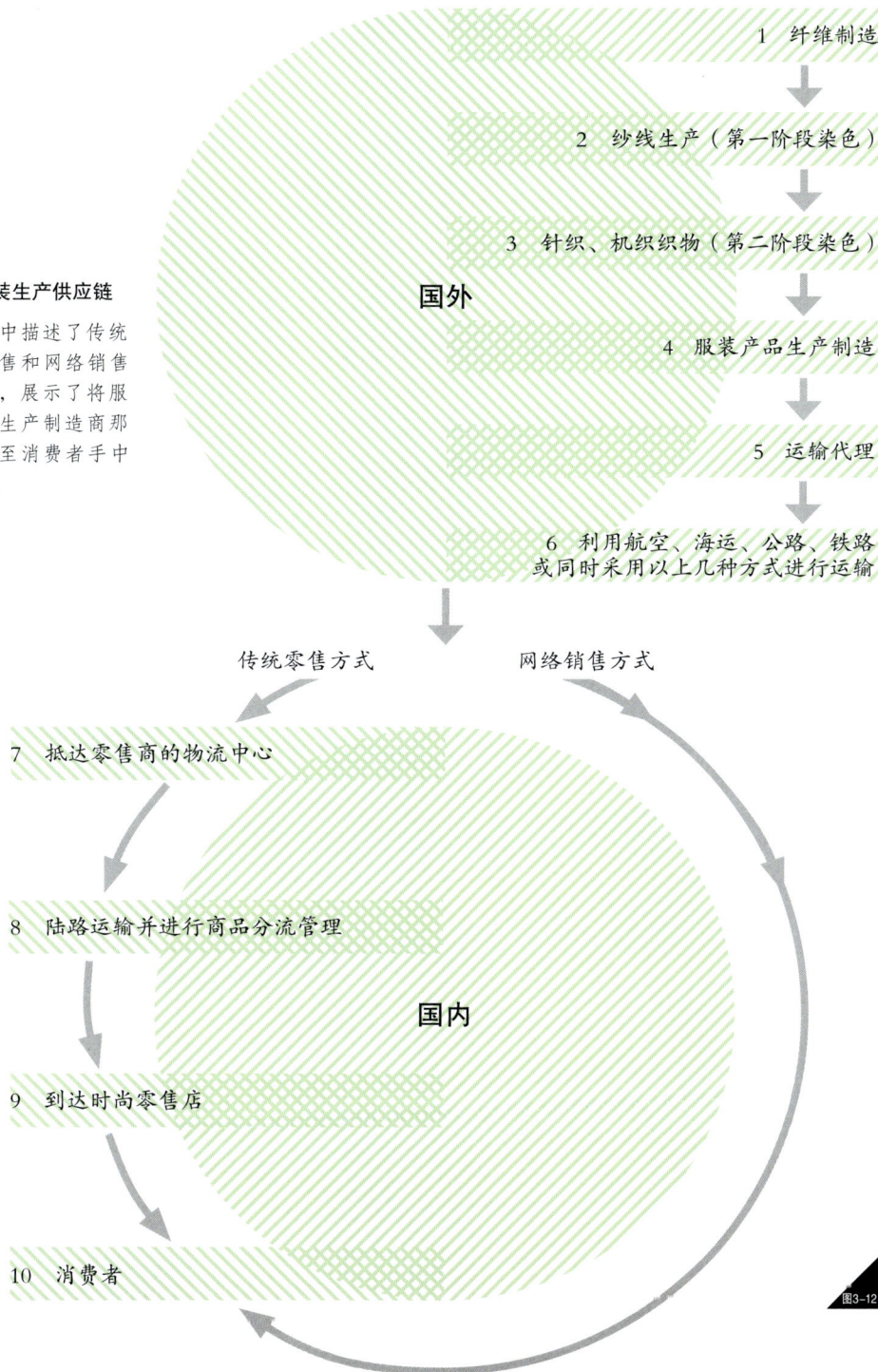

图3-12

时尚买手与面料采购

买手都希望他们的货品能在竞争过程中脱颖而出，因此寻觅有创新感的面料是不可或缺的，并作为他们每天工作的一部分，专业的时尚买手会持续地调查研究并寻找优质的新面料。越来越多的创新纤维和纱线被用于纺织产品的织造中，并赋以面料竞争优势。但是这种创新在到达店面的快慢程度上大有差别。

处在不同市场级别的买手，要能以合理的价格为自己特定的市场购买到合适的面料。面料的市场价格从每平方米几美元到每平方米几千美元不等。

需要记住的是，一件服装的面料用量会因为服装本身的造型结构而不同，（例如一件比基尼的面料用量和一件新娘婚纱的面料用量截然不同）。买手需要能快速计算出一件衣服所需要的面料用量，以及能付得起的每平方米面料价格的上下限。

产品生产准备阶段

以下这些因素，无论是单独存在还是交叉存在，都会影响交货时间：

- 针对消费国的经济情况，一般而言，较好的经济状态意味着对服装的高需求和大数额的工厂订单。
- 产品的复杂性意味着更多的特殊制造要求。生产较为复杂服装的制造商需要提前做一些准备，相对于那些生产设计简单的棉织物服装而言，复杂服装对设备、裁剪以及缝制等方面的要求都较高。
- 面料、里料、纽扣以及装饰品的可用性和交货时间。
- 重点是要及时：在每一季的初始阶段，工厂往往被要求缩短交货时间。当一季产品轰轰烈烈畅销之时，重复订单以及催单等会让运输工作压力重重。
- 当地一些重要节日的时间段，尤其是中国的农历新年，大多数工厂会休业。买手在中国进行采购的时候则需要特别注意这样的一些时间段。
- 在某一个特定的时间段，某种特殊面料或服装类型的流行会导致市场上需求量的起伏变化。
- 流通货币方面的问题。如果当地的货币流通值相对于买手所在的地方而言更便宜，那么将导致更高的需求。

图3-13、图3-14　科技发展与变化

如今，机织和针织设备的迅猛发展，使得面料上那些复杂而多变的图案设计得以实现。有头脑的买手总能迅速掌握这些前沿产品。

图3-13
图3-14

时尚买手需要定期与下列人物、部门以及组织机构进行往来与交流：

- 大型面料供应商的销售人员、销售代表及销售机构。
- 拥有大批面料货品（通常针对小规模货品交易）的面料商人。
- 对市场上那些新颖独到的面料有强烈需求的，来自品牌内、外的设计师。
- 买手同行以及服装公司内部经常从事调研的技术人员。
- 对新事物有较强的关注并有潜力的制造商。
- 对于一些大型的商业交易有特殊作用并拥有自己品牌的买手和技术人员。

挑选及购买服装

在选择了纱线和面料后，要最终经过高层管理者的"签字"，才能够进行之后一系列的服装采购工作。通常情况下，除了一些小公司外，服装制造任务是由资深买手总监及高层管理者签字确认后，方可执行。

在与服装设计师、商品企划团队中的计划执行者以及整个方案计划的裁定者（店面中品牌的数量、服装风格、色彩以及服装号型等整体规划者）碰面交流后，买手需要精简之前保留的较宽泛的系列设计。一些在过去的6个月当中制订的方案以及生产的样品，如果不是很理想则需要放弃，因此买手必须整理出足够的系列以备调整。

在第四章中，我们将谈及商品企划方面的内容，同时我们也会重点探索如何将零售卖场的多个系列组合搭配，以及买手如何与商品企划者通力合作，从而打造出从生产到销售最为成功的产品系列。这些是前面的工作，之后我们再来看看买手与供应商之间的采购及交流。

图3-15　女装买手

相对于男装，时尚女装的买手一定要准备更为宽泛的款式系列，以应对女装在风格造型、款式种类以及设计上的多样性和灵活性。

图3-15

图3-16　男装买手

相对于女装，男性衣橱里的服装类型总是要少一些。

图3-16

案例分析：PRIMARK

　　Primark是一家非常成功的零售折扣店，其背后也有着精彩的故事。20世纪60年代末，Primark第一家店在都柏林开业，如今Primark已经横扫西欧市场，分别在爱尔兰、荷兰、比利时、德国、奥地利、葡萄牙、西班牙以及英国等地拥有多个成功的时尚零售店。

图3-17

总部位于爱尔兰首府都柏林的Primark，最早是由彭尼集团（Penneys）（这个集团和来自美国的零售机构J.C.Penney不同，不要混淆了）打造的，主要经营的是针对中低收入家庭消费的服装、饰品以及家居生活用品等。Primark致力于提供具有高时尚感且低价位的产品设计，是快时尚市场的主力。

基于在西欧市场具有较大份额，Primark通过大批货物的购买来给企业创造可观的回报，同时也可以让利于消费者。通过物美价廉的商品销售，真正获得好处的消费者会帮助其进行口碑式营销，这一广告效应又产生了可见性销售，这也让公司能够及时调整大方向，并开辟出更合理的投资方向。

深深根植于欧洲时尚市场的Primark在商业零售方面可谓足智多谋，它的事业不断扩张拓展，为很多规模不大的零售商树立了榜样和方向。

图3-17　快时尚先锋

Primark以其低价位且高时尚感的态度将时尚一线的设计演绎成大多数人可以接纳的服装商品。买手非常迅速地进行周转，把最新时装报道中的时髦式样转变成大众喜闻乐见的商品，这一过程通常只需要6周的时间。

专访：利亚姆·法瑞尔（Liam O'Farrell）

利亚姆·法瑞尔是Primark公司的买手主管。作为热衷于时尚和服装的人，他毕生都在世界各地购买和搜集时尚类产品，与闻名于世界的爱尔兰零售商彭尼合作是他终其一生的事业。彭尼现已成为Primark集团的子公司，是欧洲市场处于较为领先地位的折扣时尚零销商。利亚姆最初是在彭尼公司管理培训员工，后来被提升为中心管理人员，之后又很快地胜任了初级买手的工作。

在买手部，因为他不断地进步，他的职业生涯一步步提升，并在服装业游刃有余，成为了时尚业冉冉升起的新星，很快他就被具有传奇色彩的Primark集团的创始人以及现任CEO亚瑟·芮恩（Arthur Ryan）所发现。

利亚姆的专业技能及专业知识很快就使他成为了彭尼和Primark 集团的买手主管，他为Primark的飞速扩张寻找新的资源，他在国际采购和资源搜集方面的才能无人能敌。

问

在时尚采购界，时尚买手采购属于一个相对较新的专业学科领域，为什么您会认为它值得加以实现呢？

答

由于国际时尚零售业的不断发展和壮大，体量的需求也不断增加，因此需要一套不同的技能来满足买手领域的发展。这种技能使买手能关注到最新发展的畅销产品，同时，采购管理者能确保这个新的专业学科领域为公司大批量高标准的生产提供质量保证。

问 时尚采购在时尚买手领域里是一个不同的分类，您是怎么定义这两者之间的不同的？

答 采购部门主要是找寻资源，然后尽快将这些与买手建立起联系。供应商与买手有着最神圣的关系。采购是寻找，而买手是后续关系的培育和发展。

问 在您的国际采购生涯中，您觉得什么事情发展变化最大？

答 采购的地理领域变化较大，比如开始的时候，我们主要向韩国、中国台湾、中国香港和菲律宾采购，现在这些地区已经从制造业向行政管理中心或者高价值的时尚产品生产商转变了。最近，我们主要是与印度尼西亚、中国、印度、巴基斯坦和孟加拉国合作。道德规范一类的问题也是我们选择采购领域时重要参考的内容，刚开始的时候，这方面还没有人关注或真正地了解。

问 在确认新的时尚货源供应商之际，您认为最重要的测评指标是什么？

答 首先，在我的心目中，好的供应商应该是善于沟通并且在通识中效率高、反应快的那一类。同时，在断货与补货之际，商品的质量与价格都能得到保证。另外，合作时供应商一定要按照与买手签订的合约如期进行，而不是托辞于生产时间、生产指示等不明确问题。

问

答

问 为了寻找新时尚的供应来源,您会使用怎样的技术或方法?

答 首先,主要关注的是竞争对手会从哪些地区和国家寻求购买,一般标签上会显示这些。通常,交易圈里都是专业人士。

问 当您发现一些新的时尚货源可参与供应时,需要面对的主要问题有哪些?

答 让一个新的供应商在一段时间内,适应你所在公司的文化,而且,他们需要知道你想从他们那里得到什么。良好的沟通是必不可少的。在进行大批量的产品交易时,不能模棱两可。

问 您认为时尚买手能做好采购方面的工作吗? 您认为他们需要专家的帮助吗?

买手通常擅长一些短期采购的工作,对于长期性的工作,公司需要另外寻找一些合作伙伴。

问 您认为大多数的时尚零售企业在寻找和开发新的供货商方面做得好不好?

答 通常不是很好,长期依赖于其固有的供货商并不是一件好事。例如在孟加拉国,其商业发展的变化非常之快,在这种情形下就需要买手去不断关注一些新的加工厂家。而有一些时尚零售商并不能够做到持续寻觅与搜索。

问答

良好的时尚采购人员需要具备哪些素质呢?

对采购的产品要有好眼光，了解客户群体，熟悉成本运营，掌握一些和生意相关的与时俱进的信息，比如国家免税产品类的信息。能够确保供应商按要求设计出好的产品，并拥有一定的设计基础。

问答

您认为经常更换时尚供应商合适，还是长期与某一供应商保持业务联系更好一些呢?

保持长期的业务关系很重要，但是不要停止寻找下一个更好的。让你的产品系列跟上时代的前沿这点很重要。如果有长期的合作业务，最好能要求你的核心供应商不要与你的直接竞争者去合作，他们通常也会遵守这一点。

问答

如果要您给时尚采购新人提一些建议，您会有什么提议呢?

买手必须保持好奇心，永不停止探索，因为总是有很多新的供应商在不同国家和地区踊跃出现。学会把竞争对手当作目标，就会成为一个好的时尚买手。

供应商与买手有着最神圣的关系。采购是寻找，而买手要做后续关系的培育和发展。

第三章总结

在本章中，对买方和供应商的关系进行了介绍，我们了解到供应链中各个角色所应具备的职责。本章对买方的研究和传播策略进行了讨论，并重申买手需要具备时间管理者和前瞻性思想等素质的重要性。资源采购方面的问题，涉及了领先性和可持续性，以及强调如何在竞争激烈的全球市场合作中得到工作机会等问题也在此章中有所讨论。除此之外，我们还讲解了产品系列开发等内容，例如纺织科学和产品开发的关联性，并对买手这一角色在运行中需要具体面对的问题进行了探讨，对成功的季节性采购所需的必要因素有了深入的思考。

问题及讨论要点

了解相关产品在采购方面的信息，打造出对于消费者而言比较合理的商品价位，能够充分站在消费者的角度来考虑问题。

1. 你在经常采购的时装店中，有哪些能够提供最佳的商品报价？

2. 商店中商品系列的哪些方面能使报价更有利？

3. 当你为自己选购时装时，服装系列款式中你最期待的设计点是哪些？

4. 哪种时装展示的橱窗主题风格是你愿意停下脚步去关注的？

5. 你认为在时装店或多或少有囤货是什么原因导致的？

6. 你是否还记得上一次在时装店的橱窗里，服装的哪些方面打动了你？是服装的色彩、主题、加工方式还是款式？

练习

　　由于买手会定期进行有竞争性的购物之旅，他们需要运用客观且较实际的手段来制订与竞争对手竞争的策略，这将有利于他们（以及相关管理层）开发下一季的产品系列。

　　请独立或者团队完成以下练习，走访本地的两家时尚商店（如零售商A和零售商B），选择时尚零售目标客户年龄在16~25岁的零售店。回答以下所列的问题（你可能需要做多次走访）。请做好笔记，基于店内零售商对大家在店里做公开的走访与调研工作比较敏感，请多留意并不要太明显。

　　1．在每个时尚店面的销售点，选择一个类型（如连衣裙、女士衬衫、牛仔裤等），仔细了解这一类型服装的具体情况然后回答下面问题：

- 在你选择的这一服装类型中，有多少不同的款式？
- 两家店内所售的同类型服装的系列规格尺寸有什么不一样的？它们之间有什么不同？
- 店面服装的各种颜色齐全吗？如果没有，尽量评估无法给客户提供的尺码和颜色所占比例是多少。
- 每个类型有多少不同的颜色和印花图案？

　　2．在走访两个店面销售点后，针对所选同一类型的服装在两家不同零售店的表现情况，以买手经理的身份做10分钟口头演讲的详细解说，回答下面的这些问题（零售商A和零售商B在产品选择上的比较）：

- 哪一家提供的产品多，以及有多少？例如有多少独立的系列以及时尚款式。
- 通过两家店面所提供服装系列商品的规模尺寸，比较一下哪家提供的货品规模更宽泛？
- 比较两个零售店的囤货情况，哪一家单款单色囤积的货比较多？
- 就某一类型的服装而言，哪一家提供的货品陈列相对比较均衡？

图4-1

第四章

商品企划

时尚产业中，一些高级主管及执行总监通过商品企划以及销售领域的成绩升职数量要高于通过买手采购等领域的升职数量，尽管如此，很多年轻新锐入职之际鲜有考虑企划与销售这一路径，但这一工作确实也有其有趣且有益的一面。在这一章中，我们将探讨时尚买手与时尚商品企划之间的微妙关系，将这一看起来比较复杂的企划过程附之于实际内容。在此我们所谈论的商品企划涉及了从制造商到零售商的过程中所需了解的产品数量和物流计划等多个方面，以及时尚产品从无到有的过程中所涉及的那些细致入微的内容。

稳定的时尚采购与销售企划是企业利润最大化的必要条件，因此时尚买手运用与企业整体财务运作目标相一致的关键绩效指标（KPT）来衡量其业务绩效。对于大多数的时尚企业而言，达到既定的销售额以及保持一定的库存量是至关重要的。

图4-1　2010春夏系列

在这一季巴尔曼（Balmain）的女装成衣系列中，通过处理过的刺绣装饰来体现该品牌标志性的性感女孩摇滚风。

什么是商品企划

商品企划人员需要在衡量每日、每周和季节性的需求基础上，来制订有一定难度的、针对消费者的购买企划。这种难度体现在很多方面，例如，成功地管理好以及控制好库存是非常重要的一个方面。如果库存不够，将流失一些潜在的销售业绩到竞争对手那里；另一方面，如果库存过多，则会导致无效的投资。

更多的问题在于，这种"无效"的库存会扰乱零售卖场环境，严重阻碍了一些成功类商品的有效展示，也降低了消费者的购买兴趣。这种情况最终会导致销量下降、总销售额减少、货品退购或是捐赠等。

不同于一些基础类别的服装服饰产品，如普通的袜子、简款内衣以及工作装等，时尚商品很少能够在季节性的更迭中保持销售旺盛。这就要求企业需要根据零售目标制订强有力的商品企划策略。企划者必须与买手以及组织中的一些成员通力合作，确保在恰到好处的时间提供正确无误的商品。同时，企划者还需要做好季节性商品更替的工作，这里也包括商品的物流分发、店与店之间货品分配的规划等。

图4-2 KPIs

审核关键绩效指标（KPIS），可以让买手和销售人员快速应对那些可能导致利润下降的业务操作（在后面的章节中作详细讨论）。

时尚采购对于很多消费类商品而言是最复杂的，原因如下：

难以预料

流行时尚的变化速度和频率之快，使得企业在无形中要留存很多可能卖不掉的商品，从而导致利润的减少。

季节性强

季节的变换要求时尚商品要有不同品类，如不同厚薄的面料、不同款式的服装等以备销售。天气的不可预知性以及不断变化的商品要求，导致到底要储备多少货品才合适？一直是一个有难度的问题。

商品的复杂性

针对男装、女装以及童装等都会有很多不同类型的服装要求，户外装、内衣、正装以及休闲装等多类服装，再混合上关于号型和颜色的要求，将导致不胜枚举的库存单元需要管理。

买手与商品企划人员的关系

时尚采购与商品企划经常会和另外一个时尚技能即"商业视觉营销"联系起来或者混淆。然而，与采购有关的商品企划与销售有其独到的特征，即需要有高水平的计算能力来成功地调节整个计划，时时监测并掌控买手提出的决策。

视觉营销，是由独立的工作人员根据时尚产品展示的总体规划，在卖场营造美观及具有艺术感的购物环境来吸引消费者购物。有时，如果零售商及其店面的规模不大，所提及的零售视觉营销企划中就包括商品企划这一工作。

买手和商品企划人员在通力合作进行管理之际，能产生一定的威慑力。他们通常密切合作以促使他们的团队（一般是一个完整的部门）能够达到既定的关键绩效指标，这一指标也同样适用于参与此季产品开发的每一个部门。

当新一季的货品系列确定后，或是在时尚货品交易期间，买手和商品企划人员要不断地与管理人员进行交流并达成共识。如果买手因为生病或出差暂时不在，好的商品企划人员可以替代买手做一些监控和跟进的工作。同样，训练有素的买手也可以适应商品企划人员的运作以及监测等工作。

在每一季的初始阶段，买手和企划人员需要有效处理以下三类季节性的货品：

- 上一季——清理并标注销货量迟缓的库存。
- 当季——分发、监测并及时反馈不同货品的销量情况。
- 下一季——打造样衣、整理订单、制订配送计划。

合格的买手以及商品企划人员需要训练有素、组织能力强，面对错综复杂的事物有敏锐的反应能力，特别重要的是最后一点，需要通过上级下达的关键绩效指标的考核。

关键绩效指标

图4-2

供应及供应时长

从当前情况来看，一般店面通常需要数周或数月的时间来处理可实操一类商品

货品的销售比率

当前手头上货品的数量与已销售货品数量的百分比（或者反之，来获得相应的比值）

GMROI

销售货品的毛利或总利润。通过投资与获得的数额来计算

买手的天分直觉与商品企划

从时间上追溯一下来看，在还没有数字化管理和计算机管理掌控库存的时代，买手对商品有更直接的管理权。时下，数字化监控及测算等技术在各个层级的贸易往来中应用得非常普及。

如今，全球时装市场的变化风起云涌，且越来越迅猛，所产生的竞争也越趋激烈。除此之外，消费者的要求也逐渐高涨，希望时尚不停地快速更新。同时，消费者也在不断被细分为更小的市场，来进一步挑战零售商。

当下，消费者可以通过各种渠道来购买到他们想要的东西，互联网、邮购目录、高街时装店等让他们得心应手。与此同时，在制造时尚的过程中，消费者也变得越来越有影响力，这些都有赖于时下个人通信以及快捷传输等技术的大力发展（如社交媒体和智能手机）。

图4-3　不断变化的市场

由于消费微观市场的不断推陈出新，买手不仅要制订战略规划，还需要在商业运作的挑战中多一些情感的投入，为最终的系列设计能够成功添砖加瓦。

"你的穿着展现了你自己，尤其是在今天，人与人的接触交流如此迅速，时尚成为了一种视觉语言。"

——缪西娅·普拉达（Miuccia Prada）

图4-3

以老旧的方法来给未来6~9个月的事情进行预测和计划是不太现实的。买手，特别是商品企划者必须对消费者不断变化的需求做出更快的反应。显然，买手和商品企划者仍需要提前做好计划与准备，以确保货品在分发时能够及时到位，特别是一些在国外加工厂完成的货品。同时，他们还需要随时、及时地做好调整的准备，并做出相应的反馈。

毫无疑问，时尚采购领域越来越错综复杂，其发展速度也是空前的。如今的买手要达到比以往任何时候都要更高的标准，就必须利用科技的发展帮助自己完成绩效指标。

如何评判买手是否成功

如果买手职业素质高，对于下一季的货品挑选的成功率高以及本身职业技能娴熟的话，一般而言其工资待遇都会不错。挑选成功率高的人被誉为"有眼光"，然而一些年轻的新手需要时间磨砺，具有金融意识的买手才能称得上是成功的买手。大多数令人喜闻乐见的时尚产品需要强有力的资金投入来加以实现，金融意识的重要性可见一斑。

正如之前在本章所提及的每一个买手团队都需要通过一系列的关键绩效评估来判断其表现是否良好。如果买手团队能够按既定的绩效标准获得认可，那么他们的商业运作就会产生利润，同时这也有利于其继续生存与发展。大多数买手团队会在其基本薪水之上获得奖金，当然前提是他们达到了绩效考核的标准。

在每一季的采购初始阶段，作为第一步的基本销售计划需要多方达成共识，当然这项计划必须和整体的赢利计划相吻合。在此所说的赢利可以描述为，货品从工厂的出厂价格到作为商品在商店里售出时价格之间相差的数额。

通常，前一年的货品交换表现情况将被作为本季采购计划的参考基础。如果有一些品类表现不错，可以被当作一种可参考的"趋势"用于时兴类的货品依据，同时也可以描述成"已构成趋势类的货品"。在时尚界，不是所有的款式品类都能够成为非常流行的货品。有时，某款连衣裙在某段时间内流行开来，但过了该段时间就会被认为是过时的商品。时装因个人品位的不同而各有千秋，并随时间的推移变幻莫测。

图4-4

有关关键绩效指标的描述

以下列出了在时尚采购中所涉及的一些关键绩效指标的内容。该指标涉猎的范畴很广泛，这里针对时尚产品的计划、检测与监控等重点指标内容做一些整理：

销售计划

- 基于当地流通货币的实际销售金额。
- 以每日、周、月、季节、年为时间单位。

前一年销售情况

- 上一年度同一时期，基于当地流通货币的销售金额。
- 以每日、周、月、季节、年为时间单位。

销售预测

- 商品企划人员制订的最佳销售预测计划。
- 以每日、周、月、季节、年为时间单位。

存货量情况

- 商业运作中有关存货量的统计与评价，获得基于当地流通货币的零售利润。
- 在每日、周、月、季节、年度末尾。

毛利率

- 采购支付与所有货品售卖数额的对比结果，以总价值和百分比进行表示。

图4-4　各种各样的降价促销

当零售店里有大量的货品需要清仓处理时，这可能是因为买手过多地采购了种类繁多的货品，或是由于时装货品在还没有卖完之前，某种时尚趋势就已消失殆尽。

存货周转数、周销售存货数

这是一个效率比。一个运作不错的时尚企业会经常性地轮换其货品内容，这也被称为高货品运作。在此描述的是以周为单位，了解货品在不同周次里最后的出售量。货品轮换的周次越小，说明货品变换的速度越快，同样这也说明了采集与销售频率加快，产生了更有效的收益，即获得高额利润。

降价情况

即使最好的时装企业，也会出现一些销售比较慢且需要减价处理的商品系列。当然，降价少的情况说明买手在采购的时候独具慧眼。尽管降价对于大多数企业而言都是不情愿的，但对于整个商业的良好运作，有计划的季节性降价是很有必要的。

降价指的是不同的货品根据各自的销售情况，在现金价格上有所调整而降低价格。有时也会出现价格需要往上调的情况，这是由整个加工成本的提高或是当前汇率的波动而引起的。

折扣后的净利润

折扣后的净利润和总利润还是有区别的，这是由于不得不拧低价格卖出库存而导致的利润损失，有时也被称为"边际净买入金"。这是能够呈现出整个采购过程中买手的获利水平的最佳指标。

净利润-利润损失（负面的利润）=折扣后的净利润

商品企划流程

大多数时装企业开始制订"最高水准"的计划是为了在季前估算出到底要销售多少的商品（以此来用于采购）。两个主要的时尚贸易季节分别是秋冬季（9月～次年2月）和春夏季（3月～8月）。经过与管理层的初步讨论，买手需要制订用于即将到来的季节零售商品销售计划（或财务预算计划），来完成下一步的采购活动，这通常需要提前6个月进行。

商品企划人员要与买手在一系列定期会议筹划过程中密切合作，并期待在总体零售销售计划的制订中能够有所突破。这些会议需要确定产品系列的数量和种类、产品规格、尺寸组合以及颜色搭配等，以至于能够提供一个货品在分发与配送的过程中衔接紧密而符合实际情况的计划方案。该过程是相当复杂的，需要借鉴历史的销售数据、一定的假设以及参考权威机构发布的趋势信息，并结合买手的见解来实现。

买手通常会使用较为详细的产品系列方案来计划后面的采购工作。买手需要与供应商通力合作，详尽说明其整个商业运作中的产品线、交货时间、所需搭配的货品颜色等内容。然而，一些较前卫和定向明确的企业制订的计划没有那么严格，它们会有目的地给买手留有购买空间，这被称为"开放式采购"（"Open to Buy"，简称"OTB"），这是一种在交货日期前根据最新的时尚流行趋势和消费市场需求而进行的采购方式。

时尚企业过早地规划所有的商品系列是危险的，因此需要运用"开放式采购"的灵活性来加以调整。像这样的系列采购计划通常是以电子数据表格的形式来编写，同时又作为一个更大且更复杂的商品企划系统中的一部分来操作，它有助于从制造商到店铺的整个供应链的调节、监控和管理。

图4-5

在销售季提前15个月左右的情况下，通常买手会和商品企划人员在一起讨论出一个完整的计划方案，高级管理层会提出自己的想法并与产品采购团队和销售团队进行协商讨论。在此基础上，买手、商品企划人员和管理者共同决定整个商业链运作中所需的整体采购量，使其与拟议的产品销售计划相吻合。

所有的初始计划都是基于整体的零售销售价值为取向，以便买手和商品企划人员能够更精准地判断出哪一种产品类别的百分比能够实现这一计划。然后，高级管理者将等待团队第一次调查结果，并制订资金分配。

买手需要有敏感的判断力和决策力，以确定当季商品的风格是不是紧跟潮流趋势，同样也需要有敏锐的直觉和商品企划人员日积月累的知识经验等来完成一个总体计划的大致轮廓。在商品出售前大约6个月的时间里（或12个月），基本计划将逐步变得更加详细和完善。

图4-5　规划会议

买手和商品企划人员会定期的见面，来讨论即将流行的细节因素。通常高级管理层也会出席这个会议，以确保销售的预测和上季度的总销量是否准确。

产品分类计划

以下描述了在确定每一个产品分类数量的过程中，买手需要考虑的一些因素。

品牌

你倾向于买个人品牌还是国际品牌？个人品牌和国际品牌在市场的占有率是多少？哪一个国际品牌会是你极力推荐的？

尺寸

基于你的消费市场和目标群体，你将会提供哪种规格尺寸？你会在网上提供规格尺寸吗？

颜色

消费者在颜色的选择上会发生急剧性的变化，因此如何平衡传统色调和季节性流行趋势之间的关系非常重要，而买手需要能判断出每一种颜色的选取是否能够保持其整体水平的一致。

面料

选择适合当季服装的面料特别重要（在第三章中讨论过）。买手需要把消费者的喜好和流行趋势紧密结合起来，做出最后的决策。

当开始启动规划时，买手需要对以前的季节销售、即将到来的流行趋势等问题要进行很仔细的研究，当然最重要的因素是消费者的需求。

制订初始季节性采购计划

一份初始的季节性采购计划能够提供对预算分类管理的解析。分类管理通常因各自商业运作的不同而有变化，但都会有各自的分析。这个针对于各类花销分析的百分比由于受事件、问题、经验等多方面的影响，在未达到"购买点"之前，通常需要经过一些修正。很多因素可以改变最初的分类计划，例如不断翻新的时尚、面料以及款式流行趋势等。时尚买手在采购时要尽可能地自信，当买手越接近他们所处的季节，他们就越有可能是正确的。

预测销售与库存

时装买手与所有零售部门的成员一起工作，他们收集上一季的相关销售情况、新开的店铺信息以及消费者的偏好等。这些内容对于他们在下一季中判断如何获得成功的系列时尚产品有很大帮助。

每个零售商都有自己的内部销售报告，其中多有类似的用途，如从上一年或季节性的报告中提取对某一特定款式系列开发的有用信息。这个信息可能是很详细的色彩或规格尺寸内容，也可能是很宽泛的整个女装的总销售额。

这些报告促使买手在基于高层管理人员提供的数据信息中做出较为中肯的预测，同时做出合适的采购策略来达到这些明确的销售目标。由于买手和商品企划人员随季节变化而制订计划，这些计划中的内容将会随时间的推移而更加详细和精确，使得让采购团队中的所有人员逐渐理清采购的方向。

图4-6 女装产品企划模型

初始计划对于季前规划和采购流程等有一定的概括。需要注意的是，由于服装企业各自快时尚类的产品和水平都不尽相同，从而导致交货时间的不同，这个图表仅仅代表一个大致的情况。

产品的分类管理基于多个因素，包括季节、区域及位置、流行趋势以及消费者的喜好。

经典初始规划建议表——春夏女装

品类	去年实际销售额（千美元）（春/夏）	今年计划销售额（千美元）（春/夏）	两者同比增长率	合理的调整
连衣裙	150	200	+ 33.3%	浓烈的50年代复古风趋势
女士上衣	100	110	+ 10%	之前的不够时髦，要增加休闲感
休闲短上衣	200	250	+ 25%	加强休闲及适体感
裤子	50	50	—	不够具备正装感
裙子	100	150	+ 50%	迷你短裙复兴
牛仔类	150	200	+ 33.3%	品牌类和磨洗类牛仔是趋势
短装类	25	50	+ 100%	流行趋势中看好短装类服装
泳装	80	100	+ 25%	芬芳艳丽的新型印花图案
内衣	100	105	+ 5%	比较稳定的一类设计——不增加新品
袜子	40	35	– 12.5%	减量——以深色为主导
饰品	80	100	+ 25%	意大利式的手袋及墨镜很流行
合计	1075	1350	+ 25.6% *	*表现出很强的整体计划增长趋势

图4-6

商品分类规划

买手在回顾并分析有助于服装系列搭配及采购的销售数据后，即着手于全部服装商品的规划和分类工作，以此来决定公司下一季要投资的服装数量。例如，买手在冬季商讨次年春季的服装采购时，会大幅度地削减外套、大衣等厚重冬衣的数量，以便在气候变暖时，给轻便的春装腾出一定的位置。

买手有时会从制造商那里获取最新的服装款式造型和面料方案，届时他们将决定这些方案应该被分到哪一类服装中（如针织类、机织类、休闲类或晚装等）。有时，服装产品的分类规划工作由季节、地域、流行趋势或是以上几种因素共同决定。

为店铺选择并搭配货品系列

买手何时以及如何采购一批服装，这取决于其采购的是本土服装品牌还是独立设计师自有品牌。本土服装品牌或者品牌类服装会有利于买手在季前的准备工作，因为这类品牌的设计和工厂生产管理等相关工作已经由品牌工作人员规划好，这样就为买手的采购提供了方便。

由于独立设计师自有品牌的订货时间比品牌服装的要长，因此针对独立设计师自有品牌的货品采购是相对复杂的。所以买手同商品企划人员必须将订单中的某些种类进行削减并达成共识，这样在时间上便于操作，也能围绕着一个既定的商业运作目标展开货品规划。

图4-7

　　由于许多服装店的服饰商品都有因尺码受限而货品不齐全的问题，买手总会多准备出一些适合店铺最终搭配的所需物品。独立设计师自有品牌的服装在连锁店铺都有各自不同的占地面积，因此销售区和仓库的空间都受到限制。一般来说，公司会将类似大小的商铺开在一起，从而形成5~10个店铺群。买手和商品企划人员会事先规划入驻每个店铺的具体服装数量和货品系列，最多且最齐全的服装系列会被安排到最大的店铺中。

　　服装的分类管理会占用企划人员和买手大量的时间。事实上，一些较小的服装店铺的货品搭配工作是最难的，因为店面不大且服装有限，同时又要满足大多数消费者的需求，这是一件非常不容易的事。

图4-7、图4-8　审批样衣

　　在样衣的首次预定中，买手会确认样衣的尺码规格。一起工作的商品企划人员同时也要确认这些服装服饰等分类组合是否符合消费者的需求以及时下的流行趋势等。

图4-8

货品样衣以及最终成衣系列的准备

在整个服装系列的设计生产期间，收集并修正样品、面料以及色彩小样等是一个持续的工作过程。一个优秀的时尚买手会不断地在服装的色彩、面料的质地以及设计灵感及构思等方面获取灵感，而这些会在全部设计运作中体现出来。大多数买手都备有一定数量的文件夹，这些文件夹中蕴藏着很多有用的素材，如服装裁片、服饰图片、手稿绘图以及时尚摄影等，这些工作内容和服装设计师有些相似。样衣会在最后的系列展示中呈现，通常会雇用真人模特来展示出最佳的视觉效果。

为最后的服装系列做准备

尽管之前的数月也会涉及到服装服饰的测评与监管等工作，并在规划的例会中跟进产品线和服装系列搭配等相关事宜，然而确定最终的服装系列仍然尤为重要。在此，整个买手团队期望公司能够对服装服饰的设计、质量和详细的分类、色彩、尺码以及相关方案等给予支持。是采购独立设计师自有品牌还是选择一个新的品牌，所有的决定都会由公司管理层在最后的产品系列展示中作出批准。

独立自有品牌的样衣采集顺序

由于个性化的商业采购运作，独立设计师自有品牌的样衣采集有着略微的不同。通常有以下3个阶段。

1. **适体的样衣**。通常样衣都不是由最终的面料制作而成的，这种由其他面料代替制作成的样衣有利于买手很快看到这是不是他们想要的服装板型。样衣通常以12码或中码为基准制成，并由专业模特进行试穿。任何一次样衣修改都要送往制造商那里，这就意味着样衣可能会这样来来回回的往返很多次，直至让买手满意。

2. **最终审核决定批量生产的样衣**。用最终的面料、色彩等制成尺码齐全的服装，要与最初的样衣相核对。面料会事先被送到相关部门做检测，如测评色彩的牢度、水洗和干洗的情况、耐穿度，还会对服装其他特定性能进行检测，比如泳衣面料的抗氯能力等。

3. **产品的样品**。制造商着手样衣制作时，早期做出的样品会空运给买手，让买手核对最终的产品服装样衣，对于标签、吊牌、服装保养事宜等都要进行核对。

"劣质服装带来的危害要远比低廉价格带来的一点点好处影响深远得多。"

—— 奥尔多·古驰（Aldo Gucci）

品牌类服装样衣定制

当买手从本土品牌或是设计师品牌那里采购服装时，会碰到有些样衣短缺的问题，因而买手不能保留这些样衣。这样一来，供应商会向买手提供样衣的照片，或者由买手团队自行拍照，以备随后的服装系列搭配使用。为了最终的展示，有时买手会借一些用以搭配的服装，之后再还回去。

管理样衣

无论是独立设计师自有品牌还是一般的品牌，所有的样衣都是有价值的。制作这些样衣花费了不少的人力和物力，这些样衣通常也是独此一件。对于买手助理来说，样衣的保养、贴签、监管和运转是十分重要的，并且要不断地重新整理样衣，以确保样衣能够被迅速找到。

密封样衣

大部分采购部门都要给样衣做密封处理。也就是说，经买手检查和确认过的样衣，都会用金属或塑料等制成的不可拆卸的封条配合钢丝固定。买手办公室至少要密封两件样衣（有时会更多），其中一件返还到制造商那里，剩下的一件由买手自己保存。

给样衣做密封工作，其目的是当任何产品出现质量、尺码、工艺或其他的问题及纠纷时，双方可以通过这些已确认的样品来查询产生问题的原因。密封过程有3个阶段，都是由规模较大的时装买手办公室来承办的。为了确保能够较容易地对样衣进行识别，通常每个阶段都会用不同颜色的密封条。由于有形形色色的样衣在买手办公室进进出出，所以样衣管理的优势是显而易见的。

样衣促销

样衣除了在买手和供应商之间来回流动，有时买手团队也会将其租借给其他商业性活动。例如以下几种情况：

- 国内外的杂志、时装秀或者时尚典礼。
- 为购物目录和橱窗展览提供样品照片。
- 为广告和相关网站提供样品照片。
- 为网络购物页面提供照片。

很明显，独立的买手和买手团队所需的样衣类型和级别层次，都是随时尚商业的运作而定的。

对买手来说，最后服装系列的展示会是非常重要的。届时，会议将决定服装采购的总数量，并为目标消费者选定最佳的服装产品。公司内部的设计人员和质检部门会参加这一重要的会议。此外，公司董事、买手总监、市场总监和销售主管也会出席该会议。

最终的服装系列搭配展示

对于买手和商品企划人员来说，最后的产品系列搭配展示是一个非常紧张的时刻，因为在这一时刻将要证明，他们多日工作以来确定的产品系列搭配结果是吻合之前制定的计划的。买手和企划人员要为这几个月来的采购情况及结果进行演示，所以这也是考验买手口头表达能力的时刻。

商品企划人员要准备非常详细的数据表格，直观地展示服装的尺码、颜色、商品交货时间、店铺级别和预期利润率等。除此之外，还要展示其他服装产品在采购限额中的百分比。

在服装尺寸大小和变化方面，买手会根据已经选择好的服装和服装搭配风格，与去年做相应的比较。通常，买手会用模特展示主打单品，其他的则用别针固定在墙板上。

对于比较优秀的买手和商品企划团队来说，管理部门很少会对他们的搭配采购提出变动和建议。在最后的会议中，管理部门的建议会被记录下来，以备买手和商品企划人员作出相应调整。如果买手在会议前有许多采购搭配方面的问题，管理部门会在这些问题上花费大量时间和精力，以确保这些问题不会再次出现。

为了保证会议的圆满成功，买手和商品企划人员都要表现出自信。如果他们对于采购内容不确定、市场调研不充足以及对市场了解不充分，那么想获得公司董事的批准是不可能的。

图4-9 2010春夏系列

菲利林（Philip Lim）2010春夏高级女装系列的T台走秀，展示了其主打服装的设计特点。届时，公司的部门经理和买手团队会借此展示来寻找服装系列设计中的一些问题。

图4-9

风险和产品系列型号问题

尽管有很多不同寻常的颜色、印花图案和款式可能成为本季最新的时尚潮流，但事实上大多数时尚消费者宁可谨慎行事，也不愿意锋芒毕露。优秀的买手和商品企划人员会在整个服装服饰系列的搭配中合理运用一些时尚流行元素，但他们往往会低价购买一些过于前卫的服装。这是因为他们会考虑到如果这些过于前卫的服装在当季没有售尽，则需要清仓折价处理。

降低有风险度的商品

时尚媒体和相关市场人员热衷于追求前卫的服装风格，然而买手在采购这些风格的服装时却是非常谨慎的。但是，即使是最为保守的买手也会采购一些有风险性的时尚单品，这是为了确保顾客在光顾店铺时，让他们对于店铺能够留下时尚感的第一印象。

虽然将有风险性的单品在季末前售罄是具有良好商业意识的行为，但有时很难向外行人员解释这一点。通常，采购黑色的服装比采购有季节限制的荧光色服装保险，这是因为黑色是永不过时的经典颜色，这些服装即使在当季卖不完，下季仍可继续售卖。

图4-10 对整体系列的深
度把握

买手和商品企划人员必须面对的另一个问题是：没有一个零售商可以提供100%准确无误的服装色彩、型号以及款式。

平衡尺码

虽然有国际通行的服装尺码型号，但在不同的零售商及品牌的货品中，仍有各自不同的尺码。而所有被贴标签的货品都具备一定的尺码衡量标准。

有些零售商会使用"虚拟尺码"，这种服装尺码比实际的尺码标得小，这是因为消费者更倾向于购买那些小一号的服装，从而对自己的身材更为自信，这也有一种奉承消费者的意味。对这种世故圆滑的行为，大部分消费者并不是那么容易上当，还会逐渐对这样的品牌产生不信任感。

顾客希望店铺里有适合自己尺码的服装，对一个品牌有忠实度的消费者通常都会再次购买该品牌。令人满意的服装风格、齐全的服装尺码是吸引消费者的要点，尤其是紧身牛仔裤、鞋类、内衣等贴身衣物。优秀的买手会在解决这些问题上花费较多的时间，商品企划人员甚至会花更多的时间来解决服装尺码是否齐全的问题。

服装系列的整体呈现

不同规模以及时尚风格各异的时装零售店在产品线上有着显著不同。

比较精明的高档店铺商会把库存的旧货分散在店铺里，以确保顾客将注意力集中在服装服饰的设计和质量上；在奢侈品和更为高档的商铺中，"少即是多"这一宗旨在店铺中运用得淋漓尽致；在折扣店里则相反，到处都是多余的衣架，这样的环境不利于顾客在店里挑选衣服。

图4-10

买手和商品企划人员连同店面陈列设计师一直忙于不同尺码和不同系列服装的数量分配及摆放工作。在大型百货商场里，仓库可容纳数以千计的货品，而规模较小的服装精品店，只能存放几百件货品。对零售服装行业来说，卖场是提供服装和展示服装系列成效的主要场所。

买手和商品企划人员面临的另一个问题是，如何在零售店铺中合理放置如数的货品和系列，尤其是不同尺码和颜色的同款商品。零售店的库房能够存放服装的所有尺码和颜色种类只是一种理想的状态，而这种状态很少见。一些特大码或者特小码的货品是小批量生产的，因为顾客对于这些尺码的需求数量远远低于普通尺码。店铺里只库存极小数量的特大或者特小尺码货品，需要时会尽快或者按期补货。

没有一家店铺能够保证拥有颜色、尺码100%齐全的服装系列，但很多店铺将90%的齐全程度作为一项重要标准。为了解决店铺库存不足的问题，服装零售商可以提供翌日取货或者快递给消费者的服务，这将避免了商品滞销等问题的发生。除此之外，服装零售商可以将公司网站告知顾客，或者联系店铺的其他连锁店，询问有无符合顾客要求的尺码和颜色，以避免顾客流失。

产品系列的均衡搭配

买手应该具备这样的能力，即当顾客步入服装店铺时，服装服饰的整体搭配就能够让消费者感到兴奋，而停留观摩、驻足、试穿，然后购买。在经过百货公司或店铺的橱窗时，一些顾客会潜意识地快速做出是否购买的决定。买手把服装服饰系列搭配得时尚抢眼是吸引顾客的秘诀，这也是最优秀、最成功的时尚买手应该具备的技能素质。

吸引眼球的服装搭配包括以下几点：

- 良好的整体设计会使目标消费群加深印象。
- 醒目而时尚的服装色彩和款式造型。
- 针对服装品牌的选择，品牌零售商尤为重要。
- 良好的服装品质和明确的标价（不一定标价越低越好）。
- 齐全的服装尺码、颜色种类、款式等。这对买手来说往往是最难实现的。

如果买手和商品企划人员提前执行销售计划，店铺内的服装服饰搭配也就会随之继续进行。同样，良好的服装系列整合搭配也会促进销售额的增长。

图4-11　2010春夏系列

艾力·萨博（Elie Saab）2010春夏高级定制系列，以半透明材质为面料的晚装设计，对于买手和消费者来说都是十分有诱惑力的。

图4-11

　　如今的消费者都习惯了即时的满足感，同时也希望在服装选择上能够有很大的空间。买手和商品企划人员都明白，如果不能迅速吸引顾客，不能给顾客提供精确的服装尺码和颜色，那么消费者可能会选择其他的店铺，或者选择网络购物。

　　存放时间久的商品在零售店里基本没有太多的售卖机会。针对这一问题，零售商正在开发能够快速补充货存的系统，这个系统会从配送中心及时地将一些货品进行转移。

　　买手时常会面临库存的问题，如果顾客在店铺里首选的服装没有了，那么仓库的存货就很有可能成为能够令顾客满意的替代品。时尚买手同企划人员和公司买手管理部门会一直为服装的可替代品奔波。永远完美是不可能的，但是购置到一个足够均衡的产品系列，可以极大地帮助把消费者的注意力转移到类似的畅销系列上。

　　说到底，所有关于买手采购的问题，其实都是一种平衡的问题。下一章将探讨时尚买手行业中的新趋势，掌握这些趋势能够让买手在服装零售业中处于领先一步的位置。

案例分析： SAP

　　大多数零售机构必须具备有相当实效的物流管理系统，才能很好地检测与监控零售信息及商品往来等重要内容。来自德国的SAP公司向零售商及很多企业提供从基础数据分析到企业管理软件解决方案等一系列非常到位的服务。

总部位于德国沃尔多夫市的SAP机构，在全球拥有125个国家和地区的服务业务，在过去的40年里，SAP在企业管理软件解决方案服务这一领域处于领先的位置。SAP因其在智能移动解决方案、应用和分析方面的出色工作而闻名，目前SAP正致力于发展数据库以及云计算的服务。

零售商在该软件巨头的帮助下可以及时调整商业运作中出现的一些问题，特别是根据当前销售以及盈利的情况来预测即将发生的信息，从而使得用户能够对过去、现在以及将来需要及时掌控的信息内容运筹帷幄。

图4-12　高科技的运用

在一次高科技技术交流展会中，SAP展示了其最新的智能移动P.O.S.系统。不断地开发新系统，使得买手的工作更容易与公司的物流系统联系起来。

专访：史蒂芬·亨利（Stephen Henley）

史蒂芬·亨利目前担任SAP欧洲零售区域产业主管，管理商品规划分类、促销和定价方案工作。SAP是当前全球最大的一家向时尚买手和商品企划人员提供从数据分析、计划调整到市场监控等一系列服务的知名软件企业。史蒂芬曾为许多时尚公司工作过，如李维斯（Levi's）、添柏岚（Timberland）、福莱德百货公司（House of Fraser）、德本哈姆百货公司（Debenhams）、多尔斯（Dolcis）和贝尔提（Bertie）

史蒂芬在SAP为来自全球众多知名的时尚零售机构以及服务于消费者的产品公司工作，他需要充分了解客户的要求，以协助时尚零售运用SAP软件更好地进行商品规划以及方案解决的管理等工作，从而实现该软件的价值。

史蒂芬在时尚采购零售业务咨询方面拥有非常丰富的经验，面向英国、欧洲乃至全球，为用户成功地进行时尚采购而提供信息的帮助以及软件的管理服务。在他的职业生涯中，他目睹了无数商业运作通过灵活而及时地调整规划所带来的巨变，特别是一些快时尚品牌。

问

答

请问什么是"购买决策支持系统（BOSS）"？

这是一款帮助企业及客户进行分析、监控并寻找管理解决方案的软件，可以帮助企业及客户基于当前的业务来分析并规划其目标产品系列及具体货品。

问

答

"购买决策支持系统"为时尚系列产品的更新加快了速度，如今这个软件是如何在时尚采购中发挥作用的？

是的，这种改变很明显。从时间上看，买手和商品企划人员希望通过之前的商业数据来判断即将发生的产品演绎。而自从快时尚大当其道，产品快速地轮回更新，采用传统方式越来越难。

管理系统和相关人员都应该时时跟进，"购买决策支持系统"的更新速度特别快，在一些新晋的时尚款式、品牌风格的预测中总会先发头筹。

借助系统的重点分析功能，你就可以进一步做有力的规划来满足日益增加的消费需求，从而使得零售的成功率遥遥领先。

问答 和其他消费类的产品相比而言,制定时尚产品的采购计划难度要大一些吗?

是的,时尚类的产品有更多的品牌、产品系列、不同的号型以及色彩组合等,除此之外,由于时尚流行周期的变化,产品的生命周期要短一些,并且需要经常调配。

如今一成不变的基本款越来越少,无论是春夏还是秋冬,零售商会每隔一个月或两个星期补一次货。

这就意味着必须要面对越来越多的购买决策,因此完整的管理过程要制定灵活而有效的计划,同时买手也要严格掌控采购过程。

问答 请您具体谈谈SAP的"购买决策支持系统"是如何帮助买手完成工作的。

时尚决策有很多不同的方式。例如,时下越来越多的消费者喜欢用智能手机来搜索流行时尚并进行在线购买,或者是查询较近的一家店来实现购买。买手很难确切地了解消费者跟哪些时尚品牌有互动,也很难提前一段时间了解消费者想要购买的东西。

在这些碎片化的信息以及消费者难以预料的购买行为面前,买手越来越难以依赖历史数据来预测购买趋向。买手需要学会基于当前的消费者购买动机来实施更快捷的时尚采购,这些动机来自于社交媒体网站的信息反馈以及消费者的口碑传述等。例如ASOS和ModCloth网站,就有关于时尚消费者想要获得服装服饰内容的问答访谈。这些与过去的方式有巨大的改变。

SAP的企业管理软件解决方案,加快建立了解消费者购买反馈信息的有效机制,从而帮助买手迅速确定采购决策。我们将"以客户为中心"的理念贯穿在整个"购买决策支持系统"的研发创新中。

问 请问这些针对消费者购买的及时反馈信息是如何确切地影响买手的采购计划的?

答 买手需要不断地预测消费者希望从哪里买到什么样的商品,同时还需要清晰地判断针对不同顾客的货品投入量大概是多少?这些顾客包括一些忠实的消费群和小众消费群。另外,还需要关注那些通过点击收藏而即将产生的销售货品情况。

买手有时需要尝试一些新开发的系列,这是一些针对核心消费群设计开发的。这些针对目标顾客的消费喜好而制定的时尚产品系列,将成为新一轮的必备品出现在卖场中。

问 时尚采购计划的制定变得越来越复杂且困难,时尚买手还是会制定整个季节性的购买计划吗?

答 是的,一般情况下,买手还是仍旧按照春夏以及秋冬两个季节来规划整体的购买以及目标销售利润。这就是一直被称作的"自上而下的计划"。

基于这一点,买手通过产品目录来划分销售额度以及利润,同时也进一步划分每一销售渠道的货品数量,例如网店和其他每一个销售店面的货品数量。买手事务管理办公室相关人员记录并讨论这些数据且进行规划,这些操作对于商业运作的成功至关重要。

问　不同地区时尚消费者的购买方式以及货品千差万别，请问SAP的购买决策支持系统能够及时帮助买手了解这些不断变化的要求吗?

答　是的，我们的软件可以帮助买手和商品企划人员以客户为中心展开计划与采购工作。由于消费者购买行为的模式越来越碎片化，对于如何正确地组合产品、合理地购置货品、较好地权衡一些特殊要求等就变得越来越重要（例如一些地区的流行会快一些）。

我们会在软件系统中设置增加一些细节服务来满足时尚采购及地理位置分配中的微观化要求。购买决策支持系统可以识别本地消费群在认同时尚潮流并购买服装款式中的细微差别，这些可以帮助买手在不同的店面配置合理的货品系列。

问　购买决策支持系统第一眼看上去有些许复杂。时尚买手需要通晓其整体的操作吗? 或是对于商品企划人员而言，这个系统是否更为重要?

答　是的，买手需要熟练掌握本系统中基于销售走向而提供的信息与数据等消息。他们需要从系统里及时有效地获得销售中微观变化所反馈的市场信息。目前该系统也趋于智能化，更加便于操作使用。

此外，你也许听说过"智能谷歌"以及"友好苹果"等基于移动终端授权购买的零售软件供应商，他们重新设置了用户界面响应移动系统，从而可以清晰地获得时尚交易以及社交媒体的数据。

"利用聚焦分析，你就有能力重新规划在时尚消费的过程中如何独占鳌头而立于不败之地。"

问 **在您就职期间，"购买决策支持系统"是如何积极发挥其作用而给买手带来益处的？**

答 好的，该系统在不断地自我完善，从而让买手能及时通晓并时时跟进不断变化的时尚潮流。在大部分的时间里，该系统都专注于整合巨大的数据量，从而对预先设定的采购报告能做出最后的决策。

在这个时段，"购买决策支持系统"在交易期限结束后，会尽可能优先快速地提供综合处理过的货存量和销售量，从而在有限的管理时间内帮助买手快速做出决定。近几年，系统中增加了预先设定分析功能等服务，这样更有利于买手清晰地知晓时尚演变的趋势，并尽早感知成败款式。

在我就职的这一段时间里，科技不断进步是有目共睹的，显然，和我刚刚入职那个年代相比，如今买手可以通过该系统获得更准确且及时有效的信息。这些改进给英国本土乃至更多世界知名时尚品牌的成功运营做出了贡献。不仅如此，SAP的购买决策支持系统在零售管理服务方面一直处于领先状态，相信在以后它也会有所突破。

问
答

从哪里能够显现出购买决策支持系统在时尚采购方面的优势?

毫无疑问,我们在变革的初始阶段就已经掌握了如何针对该系统进行全新且根本的改良。在使用时买手和商品企划人员通过该系统能够将有关时尚潮流、商品价格、系列设计、促销以及卖场管理等信息,实行中心操作及管控化。这个系统通常用于做决策,即在前一季货品市场表现的基础上,预测这一季消费者的购买需求,以提供准确而有实效的产品配送方案。

在SAP,我们相信通过这种后台中央管控的方式会减少对移动互联网社交媒体使用者的数据管控影响。这种变化使得买手离他们的目标顾客越来越近,也使得买手能够更加专注于商品交易以及社交媒体评论数据等内容。

基于SAP的管理软件服务体系,客户能够有效获得从时尚产品策划、采购到供应链管理等多项买手工作中的关键要素,并进行解析与组合产生以目标消费群为核心的驱动力。这也意味着从流水线上生产出来的产品能够及时有效地服务于消费者。买手能够宏观地站在全球视野中做好本地的采购工作,改变"一款走遍天下"的传统理念。

将计算机的前端工作界面做适当的调整,让它看起来更友好亲切,让使用者能够准确地抓住商业往来中的重要信息。

"谷歌快,苹果亲"的理念促使智能手机不断更新换代,这也成就了新一代越来越便捷的移动终端使用体系,也使得购买决策支持系统能够快速有效地发展,立于不败之地。

第四章总结

本章分析了在整个采购计划的进行中主要由谁以及基于什么原因来展开一系列时尚产品的设计与开发——特别是对那些自有品牌相关采购过程的探讨。针对不断变化的时尚需求，零售商定制比较准确的供货储备产品数量一直是有难度的，因此需要时尚买手和商品企划人员齐心协力共同面对。无论是领先一步抢占市场的首推产品系列，还是该季节最后一波时尚系列，包括从海外采购而来以及本土设计师设计开发的所有产品，都需要被考虑进来。和买手有一定关联的部门，无论是内部的还是外部的，特别是一些从事公关以及对外宣传联络的部门，都在本章节中有所探讨。

本章就采购以及商品企划中所涉及到产品在数量细节上的有关内容也做了一些探讨，包括从策划到管控等细节方面。最后，就"购买决策支持系统"做了较为详尽而深入的分析，并发掘其在商业运作中能够带来利润的原因所在。然而，在整个采购即时尚购买的过程中，除了有备而来地做计划，买手敏锐的洞察力和良好的时尚商业直觉会为成功地进行采购添砖加瓦。

问题及讨论要点

在探讨了时尚采购中商品企划的重要性之后，请大家假设自己是一名买手，请考虑以下的问题：

1. 如果你需要为本季采购一系列牛仔服装，那么在一个小系列中，什么样的独特款式能起到多样化的作用？你觉得需要多少这样的款式？请列一个清单。

2. 在你回答了前一题之后，基于所得到的款式数量，请计算这些款式需要多少不同的号型尺寸、色彩以及具体面料。

3. 将你自己衣橱里的服装归类放置好，并根据其不同特点列一个清单。之后请根据清单里面不同品类、材质以及色彩的服装数量来做一下分析。你会惊讶地发现你有如此之多的统计总量。

4. 调研一家本地的牛仔服装零售店，对该店所陈列和摆放的服装做一定的了解，对比一下与你自己曾打造的那个系列里的产品有何不同以及差异。

5. 你会以什么样的价格来标注你将打造的这个牛仔系列？请看看竞争对手的实际价格。

在训练中，可以根据需要做一些服装上的调整。

练习

买手和商品企划人员在参与的多个采购过程中，需要具有较好的语言交流能力，同时也需要有较强的记忆力。请从以下的练习中，来了解他们的工作困难程度。

1. 选择你比较喜欢的一款服装或服饰，试着通过电话向客户推销这一款素未谋面的款式，限时两分钟。

2. 选择一个你比较认可的零售商，在限时三分钟时间内充分描述你喜欢他的缘由并作一定的解释，切记紧扣要点。

3. 在确定一家你非常喜欢的零售店之后，找寻和此家有竞争力的另外两家零售店，并做以下比较：和竞争对手相比，这家你很中意的零售店其不足之处有哪些？

4. 随便寻找一家时尚零售卖场，挑选某一类产品中的一款服装并仔细观察。离店后，尽可能回想你对这件服装的视觉印象，并通过绘画表现出来。然后再回到那家卖场，对比一下你的视觉印象与真实款式的差别，以及精准度如何。

5. 打开一个时尚购物网络平台，了解并分析这个平台提供了多少不同的产品款式、色彩和号型。

图5-1

时尚采购的趋势

第五章

在前面的章节中，我们已经讨论过时尚买手的角色以及相应的一些关联性工作，获得了大量关于买手在零售商业管理中的各类信息。同时，我们需要了解一下时尚流行趋势以及一些调研方法，因为这方面的内容对于买手能够更好地感知其目标消费群体具有非常重要的意义。在讨论买手如何同供应商以及商品企划人员进行交流的章节里，我们探讨过买手如何寻找货源、制造商以及将时尚产品成功地置于零售货场等内容。在最后的一章中，我们将研究在零售产业中出现的那些变幻莫测的时尚趋势资讯，是如何影响买手开发其产品系列的。这些即将讨论的问题，包含了一些增进销售的多元活动，时尚新工艺与新技术，以及与社会责任伦理道德有关的一些内容。

图5-1　2011-12秋冬系列

在这一季中，来自法国的奢侈品品牌爱马仕，在其奢华的皮革皮草成衣系列中增加了一些很亲民的设计，以扩大其影响力并开拓潜在消费顾客。

促销及推广活动

买手为了加快销售的步伐，经常会针对具有较高利率的时尚市场打造一些促销活动。此类促销活动大多会采用降价处理的方式，但也有不少促销活动是在不对价格进行妥协的基础上带动销售的促销。

品牌、广告和市场化

通常情况下，买手会和市场管理总监以及相关团队人员，针对时尚品牌的设计定位制定合理的产品价位，并完善最终的产品系列设计。零售商们如此行事已经很多年了（例如来自品牌Gap的Old Navy），如今越来越多的设计师也开始进入这样的设计开发行列中。如来自日本的山本耀司（Yohji Yamamoto）和来自美国的马克·雅各布（Mare Jacobs）等知名时装设计师，将其开拓的系列（山本耀司的Y's品牌和马克·雅各布的Marc by Marc Jabobs品牌）放手给时尚买手，让买手针对国内中低价位市场采集货品，以供该品牌的零售货场使用。

许多快时尚零售商都在提供与知名时尚品牌合作的方案，让那些高端定位的时尚设计师有机会给潜在的消费群体提供恰到好处、负担得起的系列产品。这样的合作在大型的零售商和百货公司之间已经相当地普及，如今他们需要制定应对快时尚发展的对策。例如，海恩斯莫里斯（H&M）品牌和很多时尚设计师合作开发基于快时尚快销类价格以及设计风范的产品，其中卡尔·拉格菲尔德（Karl Lagerfeld），罗伯特·卡沃利（Roberto Cavalli），玛尼（Marni），以及近来合作的范思哲（Versace）等。

虽然一些评论家可能会说，这样的合作降低了高端设计师的形象，但也有很多人认为，这样的合作能够让更多的低收入消费群体，以较低廉的价位购买高品质设计师开发的时尚产品。这也是一些境况不佳的品牌开拓新市场的重要手段，这样的合作将开辟双赢的局面。

"与名品名牌联袂出击，使得合作方能够快速建立较好的市场反馈效应并提升知名度，但是真正的挑战在于合作的可持续性——因为这不仅仅只是一刻钟的效应。"
——玛丽·海伦·马克曼（Mary Ellen Muckerman），
沃尔夫奥林斯设计公司（Wolff Olins）国际事务战略设计总监

图5-2 零售商的合作

塔吉特集团公司（Target）制定了一系列与有个性、有风范的时尚零售商进行持续合作的政策，联袂打造出让大多数人能够买得起的时尚限量版系列产品。这种类型的合作使得塔吉特公司能够在他们的零售货架上不断推出独特且契合当下时尚潮流的产品，使得大家能够注意到那些风格独特而规模不大的零售店。

图5-2

图5-3

**图5-3 时尚产业核心人物
与品牌的合作设计**

图中为来自杂志《时
尚》日本版（Vogue
Japan）的创意顾问及责
任编辑安娜·戴洛·罗
素（Anna Dello Russo），
在2013年伦敦春夏时装周
的演出场地考文特花园，
与快时尚品牌H&M创作的
巨型手镯雕塑的合影。

当进行广告与营销活动时，零售商通常会支付高额的经费来将其品牌广告刊登在广告牌、杂志、电视以及互联网等不同形式的媒体上。虽然这些营销推广活动是帮助品牌提高曝光率的一种极好的方式，但这也可能会给买手造成沉重的负担，毕竟买手需要时刻注意正在(包括现在和未来)运行的活动是否会对产品受欢迎的程度造成影响。

成功的广告和营销往往能帮助产品创造大量的需求，但如果买手没有采集到足够的产品库存用以提供给消费者的话，这会导致负面的效果，如消费者转向其他商家，而为其竞争对手增加销售。

尽管零售商通常会通过广告和营销活动帮助新产品打开销售，但最为有效的营销活动之一是以低价模式（市场渗透定价）迅速打开市场，这种模式通常的标志是在店铺的地板上添加醒目的红色标识，以及将产品售价的末尾数字改成0.99。

虽然每个零售商对不同的促销推广策略都有各自的做法，但其最终目的都是希望快速通过营销渠道，打开市场通路，为新产品创造足够的生存空间。买手与商品企划人员通力合作，为销售及推广活动制定价格策略，并与营销团队一起为产品创建合适的标识。

图5-4

图5-4　受欢迎的零售促销

虽然消费者对他们最喜欢的零售商所提供的各式各样的营销策略产生共鸣，但"降价"标志才是零售商吸引消费者最有力的营销武器，毕竟这意味着消费者可以淘到便宜货。

图5-5

市场营销和广告计划

　　零售商使用各种方法和各类媒体平台将信息传递给消费者。而对消费者购买行为的掌握(本书第二章中讨论过)可以帮助买手与营销及广告团队通力合作,从而达成以下目标:

● 增加商店的客流量。
● 增加每笔交易单位量(UPT),或消费者在单次消费行为中的购物数量。
● 引入新的品牌。
● 吸引新顾客。
● 帮助推动销售旺季及淡季的成交量(实体店及线上)。

图5-5　全球营销的影响

　　图中展示的是一则意大利零售商贝纳通(Benetten)的宣传广告,他们通过广告不仅展示了新一季的产品,同时也展示了一个提高人们对青年失业率上升的认识论坛。这种企业社会责任倡议是营销公关活动的一种,将在后面的章节中进行讨论。

视觉营销

本书前文曾探讨过商品企划人员和视觉陈列师这两个角色的不同之处。然而，真正的要点在于，视觉营销团队需要与买手或商品企划团队密切合作来创建美观的视觉展示空间，从而达成推广品牌、向消费者展示品牌文化以及推动销售的目的。

通常情况下，买手与视觉营销团队合作，在公司内部和零售门店两个层面进行协作，而工作的重点则放在已经大量购入的特款产品上。保持持续的沟通可以帮助视觉营销团队了解如何投资购置库存并获取最大利润。这也是买手测试新的款式、颜色、面料等的最佳方式，所以与视觉营销团队的良好沟通可以帮助买手迅速地获得产品反馈。

买手需要与视觉营销团队保持开放的沟通渠道，这样他们就能充分认识到每一个产品系列的各个细节的重要性，同时这也有助于斩获更大的销售量。

图5-6 通过视觉营销推动销售

虽然买手并不是从艺术审美的角度来指导零售商的视觉陈列工作，但他们会与视觉营销团队合作并讨论产品在店面陈列的具体位置，从而帮助这些产品在当季的销售中获得好的成绩，并成为所有门店来客关注的焦点。对每一季产品的风格、色彩及面料等方面的沟通与讨论，能够帮助视觉营销团队在布置这些产品的过程中，更好地利用商店橱窗和人体模型推销产品。

图5-6

买手与商品企划人员在很大程度上依赖于视觉营销团队来帮助他们推动产品的销售。如果买手不能与视觉营销团队建立密切积极的关系，那么买手可能会发现，视觉陈列师很可能会关注一些不能带来有效益价值的产品属性，并导致整个零售环节的销售和盈利增长缓慢。当买手与视觉营销团队密切沟通，并教导其了解新产品或是现有产品系列的变化时，视觉营销团队便可以在零售层面上以更为一致且有凝聚力的方式帮助买手进行新品及产品系列的推广。

在如今的零售中，视觉陈列师和买手需要保持密切的联系，这种良好的联络关系可以帮助买手在产品系列的补充中，以及将来多季的新品采购中，获得来自于陈列师的宝贵见解。而视觉陈列师也逐渐从店面布置的角色向着买手助理的角色升级转变。

与时尚媒体合作

每一季，时尚商家都必须确保自己的新品系列能够在相关媒体及出版物上进行展示。在竞争激烈的时尚圈中，每个人都渴望能够尽可能多地宣传产品。一些时装公司自己开设公关及市场营销方面的业务，而另一些公司则可能选择外包这些业务。

同时，时尚买手需要更进一步地参与到新品的广告策划中，并向宣传媒体及公众展示产品小样。时尚媒体记者总是不断地四处奔走，试图为下一季的期刊、增刊以及时尚专题找到新鲜且令人振奋的产品设计和故事。

与时尚媒体培养并建立起良好的关系，再加上充满设计感的新品，二者珠联璧合，这在很大程度上意味着买手团队的新系列能够在时尚媒体建立起强大的特色及优势，进而唤起消费者的兴趣并为商家创造更多珍贵的客户。

图5-7　明星效应

一些开幕仪式会成为有利可图的投资，它能为零售品牌和新的门店赚取大量眼球。通常情况下，大型零售商会为旗舰店的开幕仪式进行周密的策划，比如洛杉矶的Topshop、Topman门店的开幕式，许多社会名流如约而至，其中包括明星凯特·博斯韦尔（Kate Boswell），她最先关注到了买手的新产品系列。

媒体通常会提供新品上市的时间和展销地点，以及新品系列的尺寸、结构、颜色和定价方面的相关信息。许多时装公司会租借一些知名的场所或地点来举办媒体发布会活动，届时会展示时尚新品，而时尚媒体也会受邀参加。时装公司会在发布会上向嘉宾提供礼包（精美的宣传照、新品系列和联系方式）以及礼品袋（通常内含产品小样）以此激励新闻媒体的热情参与。

大多数时装公司会利用各式各样的网络公关服务机构，这些机构可以为时装公司提供广泛的公关服务，例如在线新闻稿、照片以及档案等。这也意味着那些忙碌的记者即便没有时间参加媒体发布会活动，也可以快速、轻松地通过互联网赶上时尚潮流并获取有关信息。如今，网络上出现了很多有影响力的时尚博主和时尚博客，这也导致了网络公关的好坏成为判断时尚营销传播优劣的一个至关重要的因素。

买手和买手助理经常参加时尚发布会，并且他们会与一些重要的时尚媒体联系人约见，并为其提供更为个性化的产品导览。如今，时尚公关活动变得更为频繁和多样，这也导致了围绕着重量级时尚媒体、中小型媒体或信息发布渠道的竞争更加白热化。由此，拥有更加新鲜且夺人眼球的产品、品牌以及创意的买手总是能受到更重要的时尚媒体的追捧。

为媒体提供样品

为了开发出有营销价值产品的推广活动，时尚媒体需要提前获取新一季产品的样品。妥善地控制媒体所借走的样品是非常重要的，毕竟许多样品有可能在中途遗失，或者在化妆、穿用的过程中被损坏。

摄影宣传好坏是时尚商业成功与否的关键。买手团队需要能够迅速有效地应对时尚媒体不合理的要求，并努力得到时尚专栏的最大垂青。与媒体及营销人员保持着良好的关系（无论是公务还是私交），可以帮助公司免去大笔的宣传费用。

在新的销售季到来之前，营销和陈列部门还需要将橱窗、店内商品展示以及推广环节策划完备。这些策划案将被作为橱窗及陈列的指导草案发送给各个零售门店的视觉营销团队。

与所有内部及外部的宣传部门保持良好的关系也是十分必要的。买手团队能提供给营销活动各个方面的最大支持就是将新一季产品样品准备得尽可能完备。

图5-7

科技

随着科学技术的不断进步，越来越多的消费者利用智能终端(掌上电脑、智能手机、笔记本电脑等)进行个人和商业活动，交易变得更加快捷、精简、流畅和高效。买手则利用这些新技术更轻松地履行工作职责：克服沟通障碍和漫长的交货期，以期获得更快补给和周转速度，同时完善对消费者的认知等。

如今，技术传递的形式如此多样，以至于迅速适应不断变化的市场趋势成了零售商的头等大事。具体来说，他们不仅要了解消费者在实体店中的消费行为，也要了解其线上消费的行为习惯。而借助快速发展的数字市场，买手能更迅速地与零售店进行沟通反馈。

"新的信息技术的出现，比如互联网和电子邮件等，已经几乎消除了物理通信的成本。"

——彼得·德鲁克（Peter Drucker），教育家和管理顾问

图5-8

互联网是如何帮助买手的

你能够想象一个仍依靠固话系统、传真机和国家邮政来处理所有商业事务的世界吗？这些系统虽然在当时是划时代的革命之作，但现如今已经不作为通信工作中的主要力量，取而代之的则是以最小的成本连接各方通信的数字信息系统。

不同通信系统的使用使得语音通信和多媒体功能得以实现，而买手可以利用它们获取实时的商业信息，并以此处理业务需求。如今，网络电话(语音、传真、短信或短消息服务)几乎是所有零售业务沟通的首选。

通过使用这些系统，买手可以在任何给定的时间里开展各种活动，并收集重要数据：

- 更高效地监管、指挥位于全球各地的制造商和供应商，并达成有效沟通。
- 通过社交媒体网站、流行趋势预测机构以及在线期刊等途经研究流行动向。
- 通过在零售门店和买手经理间建立的信息系统，获得实时的产品销售信息，并迅速调整产品采购。
- 获取未来几季的产品采购所需的消费者信息(如消费者喜欢的尺寸、颜色和造型轮廓)。
- 为零售团队提供必要的信息，这些信息可能会对特定产品的销售产生有利或不利的影响。

图5-8 数字商务

买手现在可以立即处理几分钟前刚刚发生的生产或设计方面的问题。如今，买手、设计师和商品企划人员凭借这种超高的业务处理速度，已经彻底改变了整个时尚业，不仅使时尚业的竞争变得更加激烈，也使得时尚信息的传播速度变得越来越快。

智能手机和二维码

随着智能手机的推出，消费者能通过应用软件来轻松地访问他们喜欢的零售商，进入到陈列着无数商品的网络商店。正如买手和商家有责任确保在正确的时间段入驻合适的商品一样，他们也必须能够跟进电子零售的需求。

由于电子零售市场和智能手机使用量的剧增，买手需要和营销队伍通力合作从而促进销售业绩，同时也可以随时与消费者进行直接沟通。智能手机就像是一张数字优惠券，为消费者提供折扣、优惠、促销活动。

许多智能手机具有读取快速响应码，也就是二维码的功能。这种代码的工作原理类似于条形码，也是一种矩阵条码，它可以被转化为链接、优惠券、营销广告、社交媒介等。这种代码推动零售商网站的销售，因此买手可以与营销团队共同努力促销当季产品，从而吸引更多的消费者。

随着智能手机和二维码的广泛使用，零售商也开始积极地为实体工厂开发这一功能，并运用这一技术来实现顾客直接注册下单，一改以往排队购买的方式。

一旦消费者购买或退货，买手可以立即接收到关于销售和退货的数字统计，从而使得商品的更新销售更加合理化。使用传统出纳方法，买手仍需要等待一个星期，而现在，经过信息及时过滤调整之后，他们更新产品的过程就可以变得更快了。

图5-9 技术推动销售

零售商利用智能手机和二维码来推广、宣传并推销自己的品牌和商品。采购团队用这些技术来追踪店铺内的销售情况，从而能够实现快速补货，并判断哪些商品是可盈利的哪些是滞销的。采购和销售团队通过这些技术，近一步来了解他们面对的消费者人群。

图5-9

企业社会责任

买手团队要对自己负责，要对公司负责，更重要的是，要对在零售店采购商品的消费者负责。这也被称为企业社会责任，简称CSR。CSR是一个零售商自行建立的商业计划和公司使命的管理体系，目标是实现人、环境和利益之间的无缝接合，从而为这三个有机体创造可持续发展的空间。

企业社会责任这个名字是相当新潮的，它来自于20世纪末那些寻求保护利益相关者的公司。从至高的道德伦理中来做决策的这一理念，一直被许多小企业业主和非营利性组织所贯彻。

在零售业，道德决策的形式有很多种，比如遵守国际贸易的法律、支付给所有员工平等的工资。当零售商决定用CSR来发展业务时，他们通常会制定出长期增长的总体计划，然后从不会消耗大量成本的小任务开始做起，使计划向积极的方向发展。

公司的每位员工，在了解公司明确的特殊计划之后，将被要求帮助实现这些长期或者短期的目标。除了公司的计划，每个员工也有责任监督公司的道德行为，努力帮助零售商达到设计的预定目标。

企业社会责任的利益相关者

很多个体、公司和社团都是企业社会责任终端的一部分：

- 员工——在实体店和公司办公室工作的人，从高级管理到维护工作。
- 客户——过去、现在和未来购买公司品牌产品的人。
- 社区——在商店或总部等相关场所有关的区域与个体。
- 供应商——国内外供应商以及供应商雇佣的人员。
- 投资者——那些希望看到公司成长，但通常只提供货币或咨询服务的人。

"消费者没有被有效地告知他们拥有的巨大权利，而购买和购物本身就是一种道德观念的选择。"

——安妮塔·罗迪克（Anita Roddick），The Body Shop的创始人

工作场所

社区

环境

人＋环境＋利润＝
企业社会责任

市场

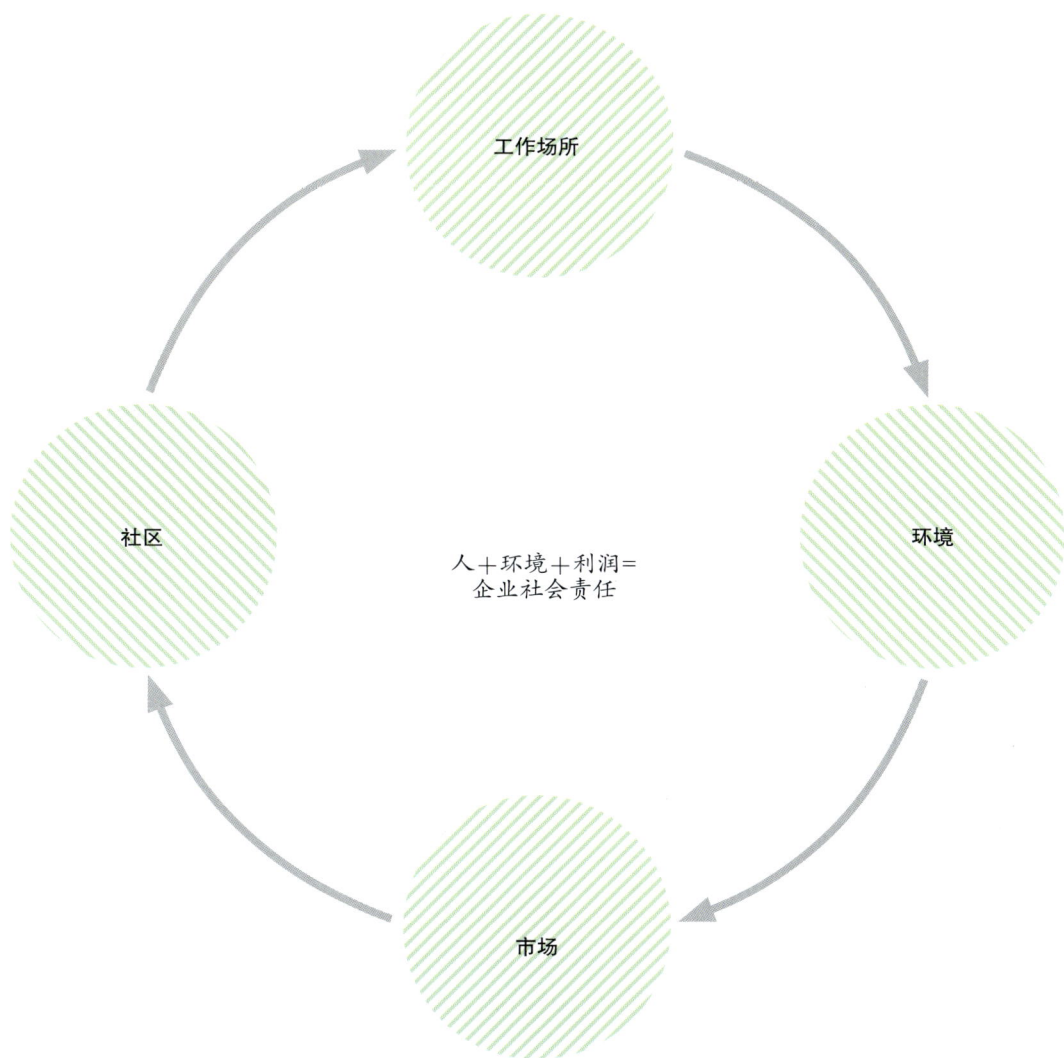

**图5-10 企业社会责任的循
环结构**

企业社会责任包括了来自
社会、环境和经济价值等
多个不同实体及部分所涉
猎的内容。了解每个部分
彼此之间如何相互依赖是
很重要的，只要有一方缺
乏主动性，就会对其他方
面产生严重的影响，无论
是积极的还是消极的。

图5-10

在零售企业中，每个股东都对企业社会责任的倡议负有责任，这些倡议由业主、经营者和公司的高级管理人员提出。当然，机构内的每位员工会有不同的个人价值观和判断力，这些想法可能会与公司的倡议相违背，会让目标向不同的趋势发展。

买手每天会与很多供应商打交道，并会像他们自己信仰的原则一样温习他们所提倡的CSR原则。当买手与新的供应商合作时，他们会研究如何能更好地拓展业务，以及如何面对双方的员工与工作环境等问题。

很多海外的厂商并没有支付给员工相对公平的工资，提供的设备和休息时间也不足。假如买手没有准确认识到这些问题，并加以改变的话，这些情况将可能会加剧投资商与公司之间的紧张关系。在发展一段新关系时对公司进行询问调查，并不断跟进后续工作，可以协助买手遵循企业的总体CSR宗旨，或者至少在道德体系评价方面能够有一个良好的判断。

图5-11

图5-12

图5-11、图5-12　一对一

TOMS品牌的创立者布雷克·科考斯（Blake Kycoskie）是企业社会责任运动迅速兴起的领导者，他是靴鞋零售商，他的目标是每卖一双TOMS品牌的鞋子，将捐赠一双给全球范围内有需要鞋子的孩子们。这种CSR倡议非常成功，于是他又推出了太阳镜的出售计划，每卖一副眼镜，TOMS便会捐赠一副。

买手需要了解这样的情形，最好在告知高管人员之前，整理好报告和记录下相关信息。有时，如果公司足够大，供应商可能失去宝贵的业务（并且影响声誉），而采取这样的方式能够协调并改善这种情形，以期达到双赢的局面。

在买手办公室经常会发生的另一种情况是，供应商给采购处送礼，这是一种礼节，但更是一种保持长久业务的手段。正如在第三章中所说，买手和供应商的关系在任何时候都应该专业化。而收礼物、旅行或者个人折扣等，通常是违背大多数公司政策的，就像与公司外部的供应商建立个人关系一样。

无论是在时尚产品生产的前端还是后续环节，买手在采购商品时应该注重整体的环保问题。纺织行业是污染较为严重的产业，所以采购商应该注重回收污染水和利用循环纤维等生产环节，从而满足消费经济快速增长的可持续发展。需要注意的是，一些国外的供应商可能会排斥可持续发展的生态环保理论及其相关实际操作，尤其是那些从来都没有参与过此类活动的供应商。

买手需要持久地警惕供应商的一些做法，因为有些商业行为是不道德的，并且没有经过深思熟虑。消费者也会留意观察并了解零售商提供的一系列产品是否环保，消费者很乐意接受那些对整个社会环境负面影响不大的产品。优秀的买手坚持遵守他们的企业社会责任，同样也会坚持自己意识中正确的做法，而不至于在不知不觉中误入歧途。

多数买手会关注设计的原创性和真实性，由此来决定购买意愿。设计师和制造商经常会被问及到"此款是否为原创呢？"由于时尚的快速更新，许多时装设计师和品牌的设计会被其他的个人或团队抄袭，从而出现廉价的版本设计，这对于原创设计或者品牌来说，是开阔市场的雷区。

被复制的商品的知识产权，被生产这些山寨产品的人用于获取利益。在许多文化中，复制并不被视为犯罪，但是真正拥有商品的知识产权的人或者组织都在费尽心思地利用法律或者是一些技术，来防止他们自己的知识产权被肆意窃取。ACID（Anti Copying in Design）是一个1996年成立的预防设计被抄袭的机构，直到现在，它都在一直致力于帮助时装公司和设计师解决知识产权被侵犯的问题（网址是www.acid.uk.com）。

独特的时尚与纺织设计的产权可以在英国、欧洲或者其他非欧盟国家注册。然而，注册过程和成本是不同的，对于许多小公司和设计师来说这样做是不可能的。

社会责任决策

一些快时尚零售商会迅速仿制知名服装设计师新发布的精品设计。这对消费者来说是一个社会道德问题，他们会发现喜欢的廉价零售商因抄袭设计而与那些知名服装设计师品牌打官司。

2011年，在快时尚零售商之间，出现了一场高度公开的诉讼事件，主角是品牌 Forever 21 和品牌 Feral Childe。Feral Childe 诉讼 Forever 21的一系列服装织物的图案抄袭了他的原创设计。

这个高度公开事件让消费者开始关注快时尚零售商的社会责任，因为不是很容易能了解到Forever 21运营的设计过程，所以这也让那些想要支持拥有企业社会责任的零售商的人感到很困难。

一些零售商已经就与Forever 21的设计版权问题提出了诉讼，而所有案件已达成庭外和解。

图5-13　坚尼商业街

在纽约，游客涌向曼哈顿下城的坚尼街，寻找廉价的名牌商品，而这些商品在大型零售店中是找不到的。在这里，店主有一个"无声"的推销员，廉价的被翻版的设计师货品和尾货商品会吸引顾客进入店铺。

图5-13

设计注册是一个极为繁复的过程，而时尚买手和读者能够通过网络找到丰富的咨询资源。在位于伦敦的时尚企业中心（www.fashion-enterprise.com），能够找到基于英国和欧洲的一些最好的时尚资源。而另一个更为国际性的组织，就是总部设在日内瓦的世界知识产权组织（www.wipo.int），也可以给时尚产业提供一定的资源咨询服务。

当时尚买手鉴定正式的商业合同时，通常会包含一些注意事项，来提醒供应商提供产品的真实性和独特性。这有助于解决买手和其所在的公司未来可能会遇到的法律危机。事实上，时装设计和服装创作可能在灵感来源的追溯上经常互通有无，而这样的话，能够保证所有的设计都是独一无二的吗？

买手需要经常留意这种情况的发生，并努力维护市场的纯粹性，尽可能地排除抄袭设计和伪劣商品。这是公司整体社会责任体系目标的一部分，在运行过程中，买手通常会凭本能进行判断，了解公司从事不道德行为的危害性，更重要的是，做事情得问心无愧。

案例分析：海恩斯莫里斯（H&M）

图5-14

海恩斯莫里斯(H＆M)是当今全球最成功的时装零售品牌之一。1947年，俄林·皮尔森（Erling Persson）在瑞典建立该品牌，如今该品牌在全世界47个大商区内拥有2600多家店铺，成为全球第二大服装零售品牌。H＆M不仅是个成功的快时尚零售商，而且还坚持维系企业社会责任计划，成为其他零售商纷纷效仿的榜样。

H&M 提供时尚且价格优惠的服装服饰产品，主打男装、女装和童装设计，设计团队超过140位设计师，多数买手和样板师团队的总部位于瑞典。H&M的设计理念是以人为本，强烈的团队意识贯穿整个公司。

该公司提倡以员工为中心开展业务，并以利益驱动和成本意识为导向，在员工中不断培养和改进团队精神。公司中的各个部门都鼓励员工开放思想。

不同于其他时尚品牌，H&M没有自己直营的工厂，而是拥有超过700家独立的供应商，这些供应商主要分布在亚洲和欧洲。在超过20个制造产品的国家，H&M均设有当地的生产办事处，主要成员均为当地公民，主要负责联络本地的制造商。

当地办事处也负责监管生产安全和质量检测的工作，以确保所有产品价格合理。 H&M是快时尚领域的高手，它已经开发出了多个领域的产品，同时也为适应不同市场的细微差别而打造出新产品。

H&M的设计风格现代、简洁，具备全球性和普遍的吸引力。H&M更倾向于自己拥有和直接经营国际连锁店，但在一些市场中，它会选择和特许经营伙伴合作。

与很多来自北欧的组织一样，H&M是可持续发展理念的坚定支持者，其贸易所在城市也支持多项绿色倡议。H&M会友好地对待工厂的员工，确保工人能够得到良好的待遇。2012年柬埔寨的工厂发生事故之后，H&M与国际劳动组织（ILO）密切合作，以确保其柬埔寨工厂的工人享有良好的工作环境和就业条件。

H&M正日益关注并挑选制造源的工厂环境。H&M已参与的其他社会活动中还包括较为广泛的慈善工作。例如，该公司与联合国儿童基金会共同开展了五年合作计划并资助了450万美元，除此之外，该公司还在有厂房生产地的实体店地区启动了纺织品回收计划。

图5-14 强大的销售能力搭配坚定的企业社会责任

H&M总是能成为头条新闻，尤其是它的经营模式。H&M在全球范围内不断开拓新的旗舰店，在店面设计和视觉营销上不断拓展，如图中所示的日本银座、德国杜塞尔多夫的店面及外观设计。

在一系列推广方式中，H&M采取了与诸多国际著名时装设计师、演艺界知名人士以及有影响力的时尚博主进行合作的独特营销手段，来拓展时装市场。H&M每年有两次这样的活动，受邀的知名设计师将基于H&M品牌推出限量版的设计系列。这些产品系列一般规模不大，在被挑选过的一些H&M较大的时装店中，消费者能够买到这些产品设计，但通常这样的合作系列其设计数量以及规模在初始阶段是保密的。

尽管此系列的交易量为H&M年度总营业额的一小部分，但通过与这些名人设计师合作产生的宣传效应却非常巨大，这有助于保持H&M的时尚前沿地位。至今为止，与H&M有过合作关系的全球各地知名时装设计师品牌及名人、明星有：卡尔·拉格菲尔德、斯泰拉·麦肯塔尼、维果罗天、麦当娜、罗伯特·卡沃利、凯利·米洛、川久保玲、马修·威廉木森、周仰杰、索尼娅·里基尔、林绫、范思哲、朗万、玛尼以及马丁·马吉拉。

在每一个地区，H&M的时尚买手团队能够成功地将时装产品派送到消费者那里。H&M是全球领先的时尚零售品牌，在全世界年轻人的心目中有着无与伦比的吸引力。公司迅捷明了的运作风范以及对全球消费者的深度了解与相应服务都是可圈可点的。H&M的买手团队非常强调持续长久地维系品牌在日复一日、年复一年的时尚变化中保持良性的商业贸易往来策略，并授予各地区的高管清晰的决策目标。

H&M旗下还运营了其他品牌，诸如COS、Monki、Weekday and Monday。每一个品牌针对H&M的主体特征都有各自的定位，共同为H&M在全球范围内的拓展做好坚实的铺垫。H&M的家居用品商店也开始瞄准了家用饰品市场。远见卓识的商业运作，附以良好的社会责任意识，以及不可或缺的稳固而优良的采购及商品企划团队，共同形成了H&M强大的竞争力。

H&M在快时尚领域赫赫有名，其目标消费市场的细分化工作夯实有力。

图5-15　H&M的CONSCIOUS系列女演员艾米·罗森（Emny Rossum）

参加了由H&M在加州好莱坞举办的美国全球绿色组织十周年庆典。

图5-15

第五章总结

这一章主要探讨了时尚采购的趋势动向，并着重了解以消费者为中心的采购是时尚买手获得成功的关键因素这一理念。快时尚领域突飞猛进的发展以及时尚消费者善变的天性，是如今大多数年轻时尚买手面对的核心问题——在这一章中都有所讨论。

在整个营销活动中，我们关注了买手从事的具体工作还与商品的价格策略（结合具体的商品情况）以及价格变化调节等有关。针对打造一系列复杂的产品以及品牌间的合作等内容的讲述，在于探讨买手是如何促使低收入消费者有可能购买到高端设计师创作的设计作品——这也是驱动销售的重要因素。充分了解目标消费群体的购买行为是广告成功投放的基石，由此买手可以和视觉营销商业推广方面的同事通力合作，并和媒体人士建立良好而有效的关系。

利用时下最新的科技手段，例如使用可靠性高、信息量大的二维码，能够使买手趋于同行领先位置。同时，买手也要紧跟时尚产业的发展动向以及消费者的需求趋势走向，例如当今大家讨论的"可持续发展绿色环保理念"，从而使自己处于优势地位。

在以下的练习中，我们将探讨采购过程中时尚焦点小组的重要性。

问题及讨论要点

以5~7人为一个小组，共同参与此项活动，设想你们准备在当地开设一家非常时髦的、针对15~24岁年轻人的鞋类零售连锁店。选择其中一个人作为焦点小组的主持人，这个练习可以让所有人都参与到活动中去。

买手还不太明确重点销售区域的购买兴趣点，因此在制定采购方案之前，买手需要时尚焦点小组帮助他们理解并获取有关信息。焦点小组的工作是从以下问题开始，在30~40分钟的时间内，帮助买手了解相关内容。

1. 鞋店中如何平衡休闲风格与正装风格鞋类的比例?

2. 针对"正装风格"和"休闲风格",焦点小组的成员能否给予很明确的解析,并联系具体设计进行阐述?

3. 在该店的首批鞋品中,是否有一些"必备鞋品"?

4. 在该鞋店投放的街区与临近时尚消费区里,有哪一类或哪种品牌的鞋子是少见的?

5. 在给予买手的建议里,焦点小组能否提供关于"有可能拓展的鞋品系列"的更多提示?

练习

1. 制定一个顺序表,大家按照提纲有序进行讨论。

2. 其中一位负责做笔录,或者使用移动电话等多媒体采集有关信息,以备之后的分析与阐述。

3. 焦点小组中的主持人应该按照问题的顺序来督促每一位成员完成相应的功课。有些人可能会回答出比较极端或是无关紧要的观点,但是要倾听每一个人的意见。

4. 主持人一定要控制好总体的节奏与内容范畴以及讨论重点,因为在讨论的过程中,大家七嘴八舌很容易偏离正题,这时就需要及时把大家讨论的焦点拉回到主题上。

5. 在讨论的最后阶段,每位成员需要总览一下所有的提议,并一起制定一份完整而简明扼要的报告,为讨论中所发现的要点内容而向买手提出比较中肯的建议。也许有些提议是无关紧要的,但是与目标消费群做一定的交流,你会有意想不到的收获!

总结

对于涉及较广的时尚产业而言，买手是一个重要的角色。每一个零售商都会雇用、培训、指导和发展他们团队中的每一个人，因为他们希望给消费者带来被认可的时尚且有效的产品，同时为企业或组织创造更多的利润。

本书通篇探讨了买手这一角色及其特点，其工作看起来非常复杂与繁重，经常需要面对长时间的颠簸旅行、大量的会议以及迫在眉睫的提交日程。管理好时间看起来至关重要，因为买手要经常做出快速决策。因此，与工作伙伴保持强有力的关系，有助于减轻买手工作中一些不可避免的压力。

和买手密切联系的合作伙伴应该是商品企划人员，从企划的市场观察到商品的具体派送，商品企划人员对于买手来说功不可没。他们强强联手，能够以最快的速度最大化地满足店内的货品需求，并及时进行补货反馈，而更为重要的是，也为零售商创造品牌差异提供了契机。

买手在找寻供应商和制造商的过程中，会不断培养并巩固与他们之间的关系。由于现代高科技的迅猛发展，各式各样方便且优质的通讯及物流技术应用，可以让买手与来自全球的货源代理商进行及时有效的沟通，从而尽量减少产品线中的风险与意外。拥有专业的职责风范并给予买手最大支持的雇主，是买手能够在时尚行业中长期稳固发展的重要基石。

在本书后面的一些章节里，我们探讨了时尚界风云变幻的流行趋势，着重分析了时尚零售行业中的影响因素，并从积极和消极两个方面分析了这些因素对买手工作的影响。这些趋势内容在实践中成为时尚产业发展的轨迹写照，并帮助买手理解时尚消费市场和不断探索与发掘潜在的消费者，从而步入零售行业的康庄大道。

考虑到零售行业的不同利益相关者，买手会有意识思考所做的决策，以及这些决策会对公司、消费者、供应商乃至买手自己产生的影响。

全球经济迅猛发展，使得有关社会责任意识的理念在时尚产业的经营中越来越被重视。了解企业以及投资利益方的初衷有助于买手在工作中不断巩固并加强学习，从而朝着企业发展的利益目标前进，并将时尚流行趋势中的元素成功地转化为摆在消费者面前的时尚产品。

希望您能喜欢这本书，也希望它能帮助您在时尚买手的工作中越战越勇！

附录

158 术语表
160 行业资源
162 致谢

后图1 2010春夏系列

华裔美籍设计师林能平
（Philip Lim）的成衣设
计中蕴含了1930年代的
优雅，具有雕刻感的鞋
跟为整体气质增添了一
些现代感。

后图1

术语表

为数不多的买手会全方位认知到这里所提及法律法规方面的问题，然而了解行规以及专项业务知识，懂得何时需要专业法律咨询援助等，对于每个人而言都很重要。通常，设计抄袭与设计侵权越来越成为时尚采购中经常性诉讼的话题。买手们应尽其所能来力保其选定的款式方案等不存在直接或间接的抄袭，当然有时也必须"忍痛割爱"。

品牌商标

通过注册商标名称、术语、设计、符号或有特征的式样等，将品牌与其他牌子区分开来。

实体店地址

零售商或批发商出售产品以及服务的具体地址。

消费者人口统计学

通过针对目标客户中消费者的族群、收入、年龄以及受教育程度等元素的把控，来勾勒消费对象的轮廓以及特征。消费者人口统计学是可量化的数据，通常用于市场营销中。

企业社会责任

由不同的个体企业自觉打造的行为约束，与社会伦理风范以及公众大环境等利益相关的行为约束。

造假

故意复制已有品牌的商品方案，并将此商品作为自己的正品在市场上传播出去。

设计

通过设计来营造一种独到的、区别于其他的时尚产品，无论是从外观形态上，还是内外兼修的美感上，通过服装与服饰在此得以应用。

电子商务

通过电子传递的方式销售商品或服务的行业，如因特网或其它各种电子网络。

电子零售/网络零售

这个术语通常描述的是通过电子方式特别是互联网来销售商品或服务。该术语还比较宽泛地用以描述那些不采纳实体店进行销售的零售方式。

关键绩效指标

每一个组织或个体都有各自的评价标准用以考量。关键绩效指标需要基于一系列的销售数据、消费者市场反馈信息等内容来设定实践中的标准级别。

生产许可制

通过生产许可制这一合法协议，授权另一方在生产制造、品牌贸易往来、设计或是专利运用上无需担心法律诉讼等问题。

商品管理

一种用来表示零售商推销商品的术语，或根据消费者以及时尚动向演绎的商品货物进行管理的术语。其中，代表着零售商提供这些服务的人员也被称之为经销商。

国内外产品标准

一些服装服饰产品，特别是与儿童有关的服装产品，必须严格按照国家或国际的安全标准进行管理，例如儿童睡衣在阻燃性方面有其一定的标准。

国有品牌

经销商整合后，批发商购买有关产品，再通过分销给各个零售商，最终到消费者的手中。国有品牌通过分销，既可以流通于国内市场，也可以由此走向国际市场。

专利

通过合法注册的一些设计新颖的产品、生产加工的过程以及工处艺理的手法等，司法上受知识产权保护。

私有商标

制造商通过自己的零售店生产和分销的私有品牌。通常这一类的私有商标品牌制造的货品很少分发给其他零售商。

定性研究

通过针对消费者行为的观察和相关感知的反馈进行的一系列调研与分析。在此研究中，通常包括参与者的观察实操、非参与者的观察实践、案例分析以及图表概括等多个方面的内容。

定量研究

一类通过多种数学模型和数据统计展开归纳与分析的研究。这些数据可以用来推断假设以及理论研究。

货品返回（RTV）

此术语用于采购过程中，由于货品的质量差、销售慢或者类似问题而将这些被挑选出来的货品进行返还的活动。

利益相关者

这些利益相关者的个体，既受公司总体运作的影响，同时也从多方面积极或消极地影响着公司的整体运转。

库存单元（SKU）

该术语用以描述零售商为他们的商品和服务提供库存管理的方法。每一个销售项目都具有一个独特的SKU，它提供了货品的细分类别、原产地、适应季节、价格、物质属性、尺寸大小、颜色等信息，可以供零售商进行追踪管理。

供应链

为消费者制造和分销货物提供服务。供应链包括制造商、供应商、批发商、零售商和消费者。

商标

帮助消费者用以识别时尚货品的出处，并具有显著且与众不同特征的标志，通常需要注册后使用，并具有一定的法律效力。

商业秘密

一些具有竞争性敏感的信息或一种独特的商业运作方式，一般情况下不能被公开。

视觉营销

此术语用来描述零售商通过使用产品展示、装饰装帧以及环境空间艺术设计等陈列技术（包括视觉设计、艺术表现和工艺技术等），对商品货品的摆放进行充分地设计演绎。参与这一服务的工作人员也被称为视觉营销设计师。

行业资源

和我们大多数人一样，时尚买手乐于将在网上获取资讯一事当做一种休闲活动。而在商业运作往来中，买手们需要掌控好这些行业服务资源。通过订阅这些资讯，尽管有些是针对消费者而打造的时尚资源库，但无论是专业的或是以消费者客户为中心的，那些甚至是焦点多元、信息量大、分类多样化的一些时尚资源信息，都会有助于买手产生更好的产品和服务。

时尚流行趋势预测机构资源

时尚买手在很大程度上依赖设计师们以及时尚流行趋势机构给予的帮助，来应对其需要面对的海量信息，竭尽全力来探寻并把控时尚的脉搏。从来没有像今天这样有如此之多的时尚信息摆在我们的面前，这种状态仍将会持续下去。

当格纳集团（Doneger Group）

基于纽约的流行趋势预测机构。

Donger.com

潘东（Pantone）

潘东集团是享誉全球的色彩权威研究机构。从设计到生产，潘东提供了一系列色彩标准，同时也助推时尚产业发布季节性色彩流行趋势报告。

Pantone.com

Promostyl

来自法国的Promostyl趋势研究机构为其客户提供了一系列品类繁多的趋势研究报告，针对设计创作、时尚潮流以及消费市场等不同内容的整合，给予读者明朗且直观的分析指南。他们同时提供一些针对性的咨询服务，包括品牌的整体设计、系列设计以及产品开发等内容提供趋势分析定制服务。

Promostyl.com

Stylesight

这是一个杰出的英国时尚流行趋势研究付费机构。

Stylesight.com/en/home

Trendland

在这个网站上可以搜索到非常有趣的时尚与创意设计相关的流行信息。

Trendland.com

WGSN

这是一个将时尚与行业动向紧密联系在一起，同时提供最为广泛的在线趋势预测及信息服务的英国时尚机构。

Wgsn.com

公众订阅服务机构资源

在线有很多免费的时尚博客和信息网站，在此罗列了一些值得关注的资源链接：

服装寻索

来自于美国的趋势预测服务网站。

apparelsearch.com/index.htm

阿沃斯

互联网创意时尚设计。

awwwards.com/50-fashion-websites.html

德瑞珀斯

聚焦于时尚贸易往来的英国德瑞珀斯网络时尚杂志。

info.drapersonline.com

时尚主义者

网络时尚新闻博客。

fashionista.com

服吉博斯

一个促进世界各地时尚工作交流的国际网站，在此可以获得时尚产业及行业新闻的信息。

fashionjobs.com

时尚设计直通车

国际上最受尊敬的发布全球时尚类工作招聘的网站。

stylecareers.com

时尚法宝

一个专注于时尚产业的全球范围内国际招聘机构。

talismanfashion.com

uk.fashionmag.com

以英国为中心的时尚新闻网站。

uk.fashionmag.com/news/list/Retail,15.html

视觉营销/店面设计

一个以店面设计和视觉营销为主的时尚网站，经常提供紧跟行业动向的相关内容，介绍当前的新工艺、新技术以及提供多样化的商品企划战略。

vmsd.com

女装服饰日报

基于美国时尚贸易动向的女装服饰日报网站。

wwd.com/

致谢

特别感谢

感谢都柏林理工学院、伦敦时装学院以及伦敦都市大学的时尚研究人员、学生以及我的朋友们为本书做出的贡献。在此，我要向以下人员对本书编写的帮助致以诚挚谢意：Simon Clark，Lucy Hailey，Judy Head，Stephen Henley，Janet Holbrook，Matthew Jeatt，Bob Jolley，Louise Koser，June Lawlor，Dids Macdonald，Liam O' Farrell

感谢Bloomsbury出版社编辑Colette Meacher对我的鼓励与帮助。同时，感谢Nigel和Dimitri的参与。

——大卫·肖恩

非常感谢AiNYC时尚主席Amanda Lovell给我这次作为指导者的机会，让我能够遇到如此出色的人，并与其共事并完成本书。在我参与此项目的过程中，Georgia Kennedy和David Shaw，尤其是Colette Meacher和Nigel Truswell，耐心地与我一同在短时间内完成了工作。同时，特别感谢Raglands和Koumbis's在我整个学习和职业生涯中卓绝的影响。最后，感谢Tate，十周年快乐，没有你在我身边我不可能做到这一切！

——迪米特里·库姆比斯

图片致谢

Getty Image

Go runway

Kristen Lucio

Promostyl

PR shots

PYMCA

Rex Features

Shutterstock

Topshop

根据上述名录，读者可以检索到本书中图像的版权持有者。如无意中有所遗漏，出版社将在以后的版本中予以补正。